# la cuisine santé **simplifiée**

# la cuisine
# santé simplifiée

Traduit de l'anglais par
Michel Chevrier

intrinsèque

Catalogage avant publication de Bibliothèque et Archives Canada
Vedette principale au titre :
Cuisine santé simplifiée
Traduction de : Quick and easy healthy eating.
Comprend un index.
ISBN-13 : 987-2-920373-40-2
ISBN-10 : 2-920373-40-4
1. Cuisine rapide. 2. Cuisine santé.
TX833.5.Q5214 2006     641.5'12     C2006-940645-6

Publié originalement en 2003 en Grande-Bretagne par Kyle Cathie Limited,
122 Arlington Road, Londres, Angleterre, NW1 7HP

© pour le texte : voir à la page 176
© pour les photos : voir à la page 176

Les personnes suivantes sont, par la présente, identifiées comme étant les auteurs du présent
ouvrage : Darina Allen, Hugo Arnold, Maddalena Bonino, Aliza Baron Cohen, Ed Baines, Vatcharin
Bhumichitr, Conrad Gallagher, Paul Gayler, Elisabeth Luard, Adrian Mercuri, Alison Price, Oded
Schwartz, Michael van Straten, Louisa J Walters et Mandy Wagstaff.

© pour l'édition en langue française Les éditions Intrinsèque inc.
Traduction : Michel Chevrier
Révision : Jeanne Lacroix
Infographie : Olivier Lasser

Dépôt légal 3e trimestre 2006
Bibliothèques nationales du Québec et du Canada
ISBN-10 : 2-920373-40-4
ISBN-13 : 978-2-920373-40-2
Distribution et diffusion
Amérique : Prologue
France : Volumen
Belgique : Diffusion Vander S.A.
Suisse : Transat S.A.

Les éditions Intrinsèque inc., 3154, boul. Industriel, Laval (Québec) Canada. H7L 4P7.
(450) 663-1777. Courriel : saint-jean.editeur@qc.aira.com

Imprimé en Chine

# sommaire

# introduction

Nous désirons tous améliorer notre façon de manger mais croyons ne pas en avoir le temps ou le loisir. Ce livre vous apprendra comment suivre une diète santé sans avoir à passer des heures au supermarché ou dans la cuisine. Chacune des recettes présentées dans cet ouvrage demande moins de 45 minutes de préparation et de cuisson, et la plupart des plats se font en moins d'une demi-heure. C'est moins de temps qu'il n'en faut pour recevoir une commande placée dans un restaurant et c'est tout à votre avantage!

### Comment établir une diète santé

Nous sommes constamment bombardés de messages publicitaires sur la nourriture. D'un côté, on ne cesse de nous vanter les mérites et les avantages des aliments prêts à manger, de la restauration rapide et des friandises; de l'autre, on nous parle des dernières découvertes concernant la santé ou des nouveaux aliments miracles. Il peut être difficile de faire la part des choses mais les principes qui sous-tendent une alimentation saine sont toujours les mêmes. Les spécialistes soutiennent qu'une diète santé normale doit être composée d'un tiers d'aliments riches en féculents, d'un tiers de fruits et de légumes et d'un dernier tiers de viandes, poissons (ou produits végétariens équivalents), produits laitiers, sucres et matières grasses. Ils insistent également sur le fait que la plupart d'entre nous devraient réduire leur consommation de gras et de sucre et accroître leur consommation d'aliments à base de céréales riches en féculents.

### 5 portions par jour

Chacun d'entre nous devrait essayer de consommer au moins 5 portions de fruits et de légumes chaque jour. Une portion équivaut à une tranche de melon, une pomme ou la moitié d'un pamplemousse, 45 ml (3 c. à soupe) de légumes cuits tels que des pois, du maïs ou des carottes, ou un petit bol de salade. Les bienfaits de la consommation des fruits et des légumes sont aujourd'hui reconnus. On estime que la consommation quotidienne de 5 portions de fruits et de légumes peut réduire jusqu'à 20 %, dans la population prise dans son ensemble, les risques de décès dû à une maladie cardiaque, un AVC ou un cancer.

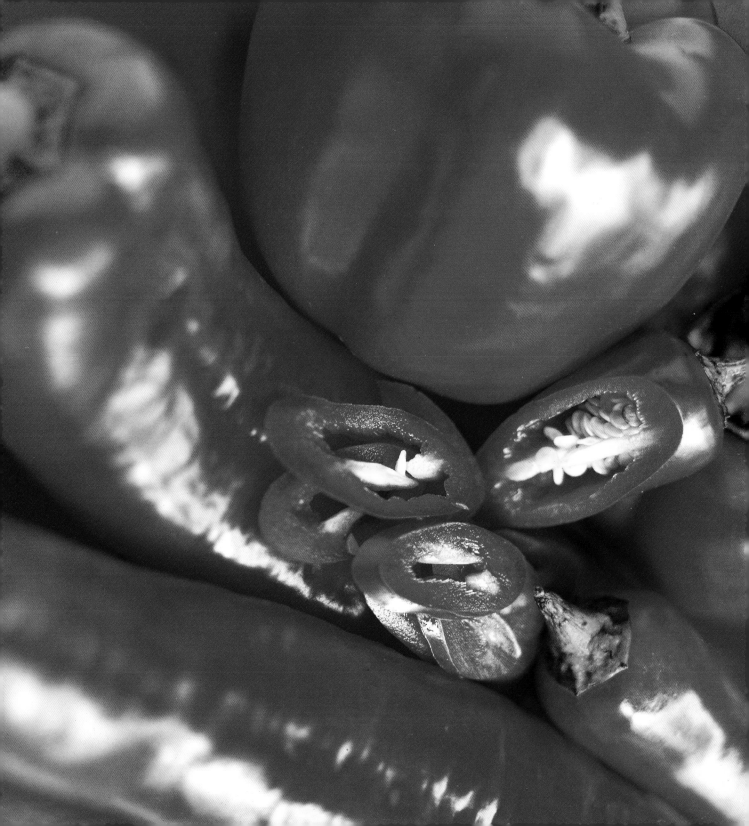

Quelquefois, il peut paraître difficile d'inclure 5 portions de fruits et de légumes dans sa diète mais ce ne sont pas seulement les fruits et légumes frais qui comptent. Un verre de jus de fruit pur compte pour 1 portion tout aussi bien qu'une grosse cuillerée de raisins secs ou 3 abricots séchés. Les légumes qui sont surgelés tout de suite après leur récolte, sont aussi très bons sinon meilleurs que beaucoup de légumes « frais » qui ont, à la suite d'un trop long séjour en entrepôt ou sur les étals des supermarchés, perdu une bonne partie de leurs précieux nutriments.

Tous les fruits et légumes contiennent des vitamines A, C et E, mais certains en sont plus riches que d'autres. En règle générale, plus un légume est d'une couleur foncée et vive — vert foncé, rouge vif, violet, jaune ou orange vif —, plus il est riche en vitamines et sels minéraux. Le brocoli, la carotte, l'épinard, l'orange et le poivron ne sont que quelques exemples des légumes et des fruits les plus riches en vitamines. En mettant sur votre liste d'épicerie des fruits et légumes colorés, vous augmenterez automatiquement votre consommation des nutriments essentiels à votre santé.

La variété compte aussi pour beaucoup. On poursuit toujours des recherches sur la manière dont les diverses combinaisons alimentaires agissent sur l'organisme de manière à lui fournir tous les nutriments dont il a besoin. Mais nous savons d'ores et déjà qu'en consommant une grande variété d'aliments — fruits et légumes en particulier —, nous augmentons nos chances de consommer tous les sels minéraux et vitamines dont nous avons besoin. Qui plus est, en mangeant une grande variété d'aliments, nous nous assurons de prendre du plaisir à manger plutôt que de nous ennuyer à manger la même chose jour après jour.

# astuces et raccourcis

### La cuisine santé

Une des façons les plus simples de réduire le contenu en gras de nos aliments consiste tout simplement à le mesurer. Au lieu de noyer les aliments qu'on fait cuire à la poêle dans une mer de gras, utiliser 15 ml (1 c. à soupe) d'huile peut donner tous les résultats escomptés. En se servant d'une poêle à revêtement antiadhésif, on n'aura besoin, pour faire frire ses aliments, d'aucune huile. On peut de la même manière réduire de beaucoup la quantité de vinaigrette utilisée dans les salades en mesurant 15 ml (1 c. à soupe). La vinaigrette doit napper et non noyer la salade. Une autre bonne façon de profiter davantage du goût de nos aliments frits tout en en réduisant le contenu en gras consiste à se servir d'une poêle à fond strié. Faire chauffer la poêle puis, à l'aide d'un pinceau à pâtisserie, badigeonner les aliments à cuire d'un peu d'huile. Une fois la poêle bien chaude, mettre les aliments sur la grille et les faire cuire des deux côtés. En se liquéfiant, le gras de la viande tombera dans les rainures de la poêle.

### Boîtes de légumes bio

S'il existe un service de livraison à domicile de boîtes de légumes biologiques dans votre région, il peut être avantageux pour vous de vous y abonner. Cela vous fera gagner du temps et vous permettra de découvrir une gamme de légumes santé inhabituels que vous n'auriez pas nécessairement tendance à acheter. Il est important de consommer une grande variété de fruits et de légumes, ce qui peut vous amener à user de créativité de manière à tous les utiliser avant que la prochaine boîte de surprises n'arrive.

### Utilisation d'un congélateur

Une autre manière de manger santé consiste à profiter de la vaste gamme de produits surgelés offerts sur le marché — en évitant toutefois d'acheter des repas prêts à manger surgelés. Les légumes surgelés s'avèrent toujours très utiles dans la préparation de repas vite faits. On peut s'en servir dans une omelette espagnole, sur une pizza nature surgelée ou comme plat d'accompagnement pour n'importe quel repas.

# comment utiliser ce livre

On indique dans chaque recette le nombre de portions qu'on peut en obtenir et combien de temps il faut pour la préparer et la faire cuire. En règle générale, le temps de préparation correspond à celui qu'il faut pour laver, préparer et hacher les ingrédients; le temps de cuisson correspond à celui qu'il faut pour faire cuire le plat, même si la plupart du temps on peut vaquer à d'autres occupations pendant la cuisson.

De plus, on donne, pour chaque recette, sa valeur nutritive. En règle générale, les enfants, les femmes sédentaires et les adultes âgés ont besoin d'environ 1 600 calories par jour. Les adolescentes, les femmes actives et les hommes sédentaires ont besoin de 2 200 calories tandis que les adolescents, les hommes actifs et les femmes très actives en ont besoin de 2 800 chaque jour. Il est généralement recommandé qu'au maximum 10 à 30 % de l'énergie que nous consommons quotidiennement provienne de matières grasses. La plupart d'entre nous devraient essayer de réduire leur consommation de gras, en particulier de gras saturés.

Les glucides constituent une part importante de notre diète et il est recommandé qu'un tiers de ceux-ci provienne d'aliments riches en féculents comme les pommes de terre, les ignames, le pain de blé entier (complet), les pâtes, les nouilles, les chapatis, le riz, les patates douces, etc. Notre consommation de sel ne devrait pas dépasser 6 g par jour. Malheureusement, la plupart d'entre nous en consomment 9 g (l'équivalent de 2 c. à thé). Une bonne partie du sel que nous consommons provient des aliments prêts à manger, mais environ 10 % provient du sel dont nous nous servons pour faire cuire ou saler directement nos aliments. Une consommation de sel trop grande accroît la pression sanguine, ce qui, par ricochet, peut provoquer des maladies cardiaques et des AVC. Par ailleurs, on a aujourd'hui la preuve que les fibres contenues dans les céréales, les fruits et les légumes peuvent nous prémunir contre certaines formes de maladie cardiaque et de cancer.

# petits-
# déjeuners

# smoothie à l'orange et à l'ananas

100 ml (3½ oz) de jus d'orange, fraîchement
   pressé
100 ml (3½ oz) de jus d'ananas
20 ml (4 c. à thé) de miel
8 glaçons
Le jus de ½ citron

Mettre tous les ingrédients dans le mélangeur, bien mélanger et servir aussitôt.

NOTE

Ce smoothie est très riche en vitamine C.

**Valeur nutritive, par portion :**
Calories : 125
Matières grasses : 0 g
Glucides : 32 g
Sel : 0,03 g
Gras saturés : 0 g
Fibres : 0,1 g

PORTION : 1

PRÉPARATION : 5 MINUTES

# smoothie aux fraises et aux framboises

10 framboises
6 fraises
1 banane
Le jus de 1 orange
10 glaçons

Bien mélanger tous les ingrédients dans le mélangeur et servir aussitôt.

NOTE

Ce smoothie est très riche en vitamine C.

**Valeur nutritive, par portion :**
Calories : 144
Matières grasses : 0 g
Glucides : 34 g
Sel : 0,02 g
Gras saturés : 0,1 g
Fibres : 3 g

# melon aux petits fruits

175 g (6 oz) de fruits mélangés : fraises,
   bleuets (myrtilles), mûres, groseilles rouges
1 melon brodé, coupé en deux et épépiné

Laver soigneusement les fraises, bleuets (myrtilles) et mûres en en éliminant les queues.

Laver les groseilles rouges mais sans les équeuter.

Remplir les moitiés de melon de fruits et servir.

NOTE

Ce petit-déjeuner est riche en vitamines A et C.

**Valeur nutritive, par portion :**
Calories : 68
Matières grasses : 0 g
Glucides : 14 g
Sel : 0,08 g
Gras saturés : 0 g
Fibres : 4,2 g

# compote de fruits séchés

350 g (¾ de lb) de fruits séchés mélangés :
  pruneaux, abricots, mangues,
  raisins secs, bleuets (myrtilles), pommes,
  bananes, etc.
300 g (10 oz) de yogourt nature (biologique
  de préférence)
30 ml (2 c. à soupe) de graines de lin

Mettre les fruits dans un grand bol et les couvrir d'eau bouillante. Laisser refroidir le tout puis le mettre au réfrigérateur toute la nuit.

Le lendemain, égoutter les fruits. Disposer les fruits et le yogourt dans deux assiettes et les saupoudrer de graines de lin.

NOTE

Ce petit-déjeuner est très riche en fer, en calcium et en fibres.

**Valeur nutritive, par portion :**
Calories : 533
Matières grasses : 9 g
Glucides : 105 g
Sel : 0,52 g
Gras saturés : 3,5 g
Fibres : 12,1 g

# fruits au miel et au yogourt

2 bananes, pelées et tranchées

150 g (5 oz) de framboises

300 g (10 oz) de yogourt nature biologique

30 ml (2 c. à soupe) de miel (biologique de
préférence)

Répartir les tranches de banane dans 2 bols. Laver délicatement les framboises et les empiler sur les tranches de banane. Répartir le yogourt sur les fruits puis l'arroser de miel avant de servir.

NOTE

Ce petit-déjeuner est très riche en calcium et en vitamine C.

**Valeur nutritive, par portion :**

Calories : 271

Matières grasses : 6 g

Glucides : 48 g

Sel : 0,39 g

Gras saturés : 2,9 g

Fibres : 3 g

# gruau d'avoine

160 g (5 ½ oz) de flocons d'avoine
1 litre (4 tasses) d'eau
5 ml (1 c. à thé) de sel
Crème légère ou lait, pour servir
Cassonade molle, pour servir

Amener l'eau à ébullition et y jeter les flocons d'avoine en pluie, en remuant constamment. Mettre la casserole sur feu doux et ramener le mélange à ébullition.

Couvrir et laisser mijoter 15 à 20 minutes, en remuant à quelques reprises. Ajouter le sel et mélanger de nouveau.

Servir le gruau avec la crème ou avec le lait et la cassonade.

NOTE
Le reste du gruau peut être gardé au réfrigérateur dans un contenant couvert. Celui-ci se réchauffera facilement le lendemain.

**Valeur nutritive, par portion :**
Calories : 160
Matières grasses : 3 g
Glucides : 29 g
Sel : 1,3 g
Gras saturés : 0,7 g
Fibres : 2,7 g

# muesli

60 ml (¼ de tasse) de flocons d'avoine

45 ml (3 c. à soupe) d'eau

2 grosses pommes

5 ml (1 c. à thé) de miel

Sucre de la Barbade (facultatif)

Crème légère (facultatif)

Mettre l'eau dans un bol et y jeter les flocons d'avoine en pluie. Laisser les flocons absorber l'eau. Râper grossièrement les pommes avec leur peau. Éliminer les pépins. Incorporer le miel à l'avoine puis incorporer les pommes râpées. Goûter et ajouter du miel au goût.

Répartir le mélange dans deux bols. Ce muesli est meilleur encore saupoudré de sucre de la Barbade et arrosé d'un peu de crème légère.

NOTE

Ce muesli est riche en fibres.

**Valeur nutritive, par portion :**

Calories : 140

Matières grasses : 2 g

Glucides : 29 g

Sel : 0,01 g

Gras saturés : 0,3 g

Fibres : 4,6 g

# salades
# et repas
# légers

PORTIONS : 4

PRÉPARATION : 20 MINUTES

# salade de tomates, avocats et mozzarella

175 g (6 oz) de fruits séchés mélangés : dattes, pruneaux dénoyautés, abricots, raisins secs, coupés en petits morceaux
Vinaigrette (voir ci-contre)
350 g (¾ de lb) de mozzarella fraîche, égouttée et tranchée
4 grosses tomates, tranchées
2 kiwis, pelés et tranchés
2 avocats, pelés, dénoyautés et tranchés sur la longueur

Faire tremper tous les fruits séchés 5 minutes dans de l'eau fraîchement bouillie. Égoutter les fruits à fond puis leur incorporer la vinaigrette. Disposer les tranches de tomates, de mozzarella, de kiwi et d'avocat dans 4 assiettes de service.

Verser la vinaigrette et les fruits dans les assiettes.

Pour faire assez de vinaigrette pour 4 personnes, mettre 90 ml (⅓ de tasse) d'huile d'olive extravierge, 30 ml (2 c. à soupe) de vinaigre de vin blanc, du sel et du poivre noir fraîchement moulu dans un pot et fermer hermétiquement avant de bien agiter. Ne napper la salade de vinaigrette qu'au moment de la servir.

NOTE

Cette salade est riche en calcium, en vitamines A, B6, C et E et en fibres.

**Valeur nutritive, par portion :**
Calories : 655
Matières grasses : 49 g
Glucides : 30 g
Sel : 1,67 g
Gras saturés : 15,9 g
Fibres : 5,4 g

# hareng mariné et salade de pommes de terre et de tomates

350 g (¾ de lb) de pommes de terre nouvelles

4 rollmops (filets de hareng marinés)

110 g (¼ de lb) de tomates semi-séchées au soleil, coupées en cubes

60 ml (¼ de tasse) d'huile d'olive extravierge

Brosser les pommes de terre mais sans les peler. Les mettre dans une casserole d'eau, amener à ébullition et faire cuire jusqu'à ce qu'elles soient tendres. Laisser refroidir un peu.

Disposer les rollmops dans une assiette de service en gardant les oignons à l'intérieur. Couper les pommes de terre en quartiers et les mélanger aux tomates. Arroser d'huile d'olive.

Servir la salade de pommes de terre et de tomates avec les rollmops.

**Valeur nutritive, par portion :**

Calories : 378

Matières grasses : 21 g

Glucides : 29 g

Sel : 2,62 g

Gras saturés : 3,2 g

Fibres : 0,9 g

# salade de **crevettes,** pommes de terre et basilic

450 g (1 lb) de pommes de terre nouvelles, coupées en dés

30 ml (2 c. à soupe) de feuilles de basilic, déchiquetées

50 g (2 oz) de radis, tranchés

1 ciboule, hachée

Le jus de ½ lime

150 g (5 oz) de yogourt nature

225 g (½ lb) de crevettes, décortiquées

Sel et poivre noir, fraîchement moulu

Quelques feuilles de laitue, pour servir

Faire bouillir les pommes de terre jusqu'à ce qu'elles soient tendres, les égoutter et les laisser refroidir. Les mettre dans un grand bol avec le basilic, les radis, la ciboule, le jus de lime et le yogourt, et bien mélanger.

Assaisonner au goût. Au moment de servir, incorporer délicatement les crevettes à la salade. Tapisser chaque assiette de quelques feuilles de laitue puis y mettre la salade. Servir aussitôt.

NOTE

Cette salade est riche en calcium et en vitamines B6 et C.

**Valeur nutritive, par portion :**

Calories : 316

Matières grasses : 3 g

Glucides : 42 g

Sel : 5,26 g

Gras saturés : 0,7 g

Fibres : 2,5 g

# salade cypriote

50 g (2 oz) de fromage haloumi, coupé en
   tranches de 5 mm (¼ de po) d'épaisseur
4 tomates moyennes
¼ de concombre, tranché
¼ de poivron jaune, épépiné et coupé en dés
Une poignée de persil plat, grossièrement
   haché
10 olives noires, dénoyautées
½ oignon rouge, émincé
3 ou 4 grandes feuilles de laitue, déchiquetées

*Vinaigrette*
30 ml (2 c. à soupe) d'huile d'olive extravierge
15 ml (1 c. à soupe) de vinaigre de vin blanc
5 à 10 ml (1 à 2 c. à thé) de jus de citron
Sel de mer et poivre noir, fraîchement moulu

Mettre le fromage sur une plaque de four à revêtement antiadhésif et le faire dorer sous le gril. Retourner le fromage et le faire dorer de l'autre côté. Mélanger le fromage aux autres ingrédients dans un grand bol à salade. Mélanger les ingrédients de la vinaigrette dans un pot de verre fermant hermétiquement. Verser la vinaigrette sur la salade, mêler délicatement le tout et servir aussitôt.

NOTES
Le haloumi se vend dans les épiceries spécialisées en produits méditerranéens.
On peut le remplacer par de la feta.

Cette salade est riche en vitamines A, C et E.

**Valeur nutritive, par portion :**
Calories : 251
Matières grasses : 20 g
Glucides : 11 g
Sel : 2,33 g
Gras saturés : 5,6 g
Fibres : 3,8 g

# salade de betteraves, roquette, pommes et noix d'acajou

1 grosse betterave (ou 2 petites), pelée et râpée

1 pomme à couteau, râpée

25 à 50 g (1 à 2 oz) de roquette, lavée et hachée

25 g (1 oz) de noix d'acajou, hachées

1 carotte, pelée

*Vinaigrette*

10 ml (2 c. à thé) d'huile d'olive extravierge

30 ml (2 c. à soupe) de jus de citron frais

Sel de mer et poivre noir, fraîchement moulu

Mettre les betterave et pomme râpées ainsi que la roquette dans un bol à salade.

Mettre les noix d'acajou sur une plaque de four et les faire dorer à feu moyen. Les retourner une fois ou deux durant la cuisson. À l'aide d'un couteau à peler, couper la carotte pelée en lamelles. Ajouter la carotte et les noix d'acajou à la salade et bien mélanger le tout.

Préparer la vinaigrette en mettant les ingrédients de la recette dans un pot de verre et en agitant bien. Arroser la salade de vinaigrette et la mélanger délicatement. Servir aussitôt.

NOTE

Cette salade est riche en acide folique et en vitamines A et C.

**Valeur nutritive, par portion :**

Calories : 176

Matières grasses : 11 g

Glucides : 17 g

Sel : 0,61 g

Gras saturés : 1,31 g

Fibres : 3,5 g

# salade de poivrons farcis au **thon**

2 gros poivrons jaunes

185 g (6 ½ oz) de thon en conserve (dans l'huile d'olive), égoutté

15 ml (1 c. à soupe) de câpres, rincées puis hachées

45 à 60 ml (3 à 4 c. à soupe) de mayonnaise (maison de préférence)

200 g (7 oz) de mesclun

90 ml (⅓ de tasse) de vinaigrette (voir page 30)

Préchauffer le four à 180 °C/350 °F/4 au four à gaz. Placer les poivrons sur une plaque de four et les faire rôtir 8 à 10 minutes, jusqu'à ce que leur peau soit légèrement boursouflée et leur chair tendre mais encore ferme.

Mettre les poivrons dans un grand bol, couvrir celui-ci d'une pellicule de plastique et laisser refroidir complètement. Peler délicatement les poivrons puis couper chacun en deux en en éliminant les pédoncules et les membranes internes.

Hacher finement le thon puis le mettre dans le bol avec les câpres et assaisonner au goût. Ajouter assez de mayonnaise pour lier le tout puis farcir les moitiés de poivron du mélange, ce qui les aidera à garder leur forme.

Mettre le mesclun dans un bol, l'assaisonner puis lui ajouter la moitié de la vinaigrette et mélanger. Répartir la salade dans les assiettes de service et mettre un demi-poivron farci dessus. Arroser le tout avec le reste de la vinaigrette et servir aussitôt.

NOTE

Ce plat est riche en vitamines B6, C et E.

**Valeur nutritive, par portion :**

Calories : 338

Matières grasses : 30 g

Glucides : 6 g

Sel : 1,15 g

Gras saturés : 4,4 g

Fibres : 2,1 g

# légumes frits aux crevettes

15 ml (1 c. à soupe) de sauce soja légère

15 ml (1 c. à soupe) de vinaigre de xérès

2,5 ml (½ c. à thé) de Tabasco

15 ml (1 c. à soupe) d'huile de sésame

5 ml (1 c. à thé) de miel clair

30 ml (2 c. à soupe) d'huile de colza biologique

2 carottes, émincées

110 g (¼ de lb) de pleurotes, tranchés

1 pied de brocoli, coupé en morceaux d'une bouchée

2 pak choy, coupés en 8 sur la longueur

Un morceau de gingembre de 1,5 cm (½ po) de longueur, pelé et râpé

5 grosses ciboules, coupées en 4 sur la longueur

175 g (6 oz) de pois mange-tout, coupés en morceaux de 2 cm (¾ de po) de longueur

8 grosses crevettes, non décortiquées

450 g (1 lb) de germes de soja

60 ml (¼ de tasse) de graines de sésame

Battre ensemble la sauce soja, le vinaigre, le Tabasco, l'huile de sésame et le miel, et réserver.

Faire chauffer l'huile de colza dans un wok ou une grande poêle profonde. Ajouter les carottes, les champignons, le brocoli, les pak choy et le gingembre, et les faire frire 3 minutes en remuant constamment. Ajouter les ciboules et les pois mange-tout, et faire frire 1 minute de plus.

Ajouter les crevettes et les faire cuire 4 minutes, jusqu'à ce qu'elles commencent à changer de couleur. Ajouter les germes de soja et faire cuire 1 minute. Ajouter la sauce préparée et 45 ml (3 c. à soupe) d'eau, et faire cuire jusqu'à ce que tous les légumes soient tendres, 4 minutes environ. Entre-temps, faire rôtir les graines de sésame dans une autre poêle.

Servir le mélange garni de graines de sésame rôties.

NOTE

Ce plat est riche en divers nutriments et en fer, en fibres, en calcium et en acide folique. Il est aussi très riche en vitamines A, B6 et E.

**Valeur nutritive, par portion :**

Calories : 307

Matières grasses : 19 g

Glucides : 14 g

Sel : 1,23 g

Gras saturés : 2,1 g

Fibres : 7 g

# salade de crabe et d'asperges

12 asperges, pelées et parées

2 têtes de chicorée

2 avocats, pelés, dénoyautés et tranchés

2 carottes, coupées en allumettes

310 g (11 oz) de chair blanche de crabe fraîche

Sel et poivre noir, fraîchement moulu

Copeaux de parmesan, pour garnir

*Vinaigrette au citron, à la moutarde*
  *et au parmesan*

15 ml (1 c. à soupe) de moutarde de Dijon

Le jaune d'un petit œuf

15 ml (1 c. à soupe) de jus de citron

Le zeste finement râpé de ½ citron

15 ml (1 c. à soupe) de vinaigre de Champagne
  ou de vin blanc

75 ml (5 c. à soupe) d'huile d'olive extravierge

20 à 25 ml (1 ½ c. à soupe) de parmesan frais,
  râpé

Faire cuire les asperges dans de l'eau bouillante salée 3 à 4 minutes, ou jusqu'à ce qu'elles soient tendres. Les égoutter, passer sous l'eau froide puis assécher et couper en deux sur la longueur.

Vinaigrette : Battre ensemble la moutarde, le jaune d'œuf, le jus et le zeste de citron et le vinaigre, puis leur incorporer l'huile d'olive. Ajouter le parmesan râpé et assaisonner au goût.

Séparer les feuilles de chicorée, les laver et les assécher, puis les disposer dans un grand bol à salade ou des assiettes de service. Mettre les asperges, les avocats, les carottes et la chair de crabe dans un autre bol, les mélanger délicatement avec la vinaigrette et rectifier l'assaisonnement. Mettre ce mélange sur les feuilles de chicorée, donner quelques tours de moulin de poivre et garnir le tout de copeaux de parmesan. Servir aussitôt.

NOTES

Les végétariens peuvent omettre la chair de crabe et la remplacer par plus de légumes (des topinambours, par exemple).

Cette salade est riche en nutriments et contient aussi du zinc, de l'acide folique, des fibres et des vitamines A, B6, C et E.

**Valeur nutritive, par portion :**

Calories : 452

Matières grasses : 37 g

Glucides : 8 g

Sel : 1,59 g

Gras saturés : 6 g

Fibres : 5,2 g

PORTIONS : 4 (SI SERVI EN SANDWICHES)

PRÉPARATION : 5 MINUTES

CUISSON : 15 MINUTES

# crabe épicé à l'indienne

15 ml (1 c. à soupe) d'huile végétale inodore
1 oignon moyen, finement haché
2 gousses d'ail, finement hachées
15 ml (1 c. à soupe) de curry semi-fort
2,5 ml (½ c. à thé) de graines de moutarde brunes
5 ml (1 c. à thé) de cumin moulu
2,5 ml (½ c. à thé) d'assaisonnement au chili
30 ml (2 c. à soupe) de bouillon de poulet
450 g (1 lb) de chair de crabe blanche
15 ml (1 c. à soupe) de feuilles de coriandre, lavées et asséchées
Le jus de 2 citrons
Sel et poivre noir, fraîchement moulu

*Garniture*
60 ml (¼ de tasse) de yogourt
30 feuilles de coriandre, lavées et asséchées

Faire chauffer l'huile dans une casserole puis y faire revenir l'oignon et l'ail en évitant de les faire brunir. Ajouter les épices et cuire 2 à 3 minutes de plus, puis ajouter le bouillon et laisser mijoter le tout 10 minutes.

Mettre le mélange d'épices dans un bol puis leur incorporer la chair de crabe, la coriandre et le jus de citron. Assaisonner au goût.

Pour servir ce plat en canapés, disposer des petites cuillers sur un plateau puis remplir chacune d'une boule de pâte de crabe. Garnir ensuite d'un peu de yogourt et d'une feuille de coriandre.

NOTES

Ce mélange peut être servi en canapés (tel qu'il est indiqué ci-dessus) ou comme garniture pour sandwiches ou pommes de terre cuites au four.

Ce plat est riche en fer et en zinc.

**Valeur nutritive, par portion :**
Calories : 212
Matières grasses :10 g
Glucides : 6 g
Sel :1,57 g
Gras saturés :1,3 g
Fibres : 1,4 g

# salade de **homard** et de mangue

Mesclun

1 mangue mûre

350 g (¾ de lb) de chair de homard (pinces
et queue)

Brins de fenouil, cerfeuil et fleurs de
bourrache, pour garnir

*Vinaigrette*

90 ml (⅓ de tasse) d'huile d'olive extravierge

30 ml (2 c. à soupe) de jus de citron frais

Sel et poivre noir, fraîchement moulu

Une pincée de sucre

10 ml (2 c. à thé) de persil frais, haché

Laver puis assécher le mesclun. Mélanger les ingrédients de la vinaigrette. Peler la mangue et la couper en tranches ou en dés, selon le mode de présentation choisi, puis arroser de jus de citron.

Montage du plat : Arroser le mesclun d'un peu de vinaigrette juste pour le mouiller puis disposer la mangue et le homard dessus. Arroser le tout du reste de la vinaigrette et servir aussitôt.

**Valeur nutritive, par portion :**

Calories : 201

Matières grasses : 12 g

Glucides : 10 g

Sel : 0,66 g

Gras saturés : 1,7 g

Fibres : 1,9 g

# salade tropicale

1 petit bouquet de coriandre

1 mangue

1 papaye

400 g (14 oz) de cœurs de palmier en
  conserve, égouttés

200 g (7 oz) de petites crevettes, décortiquées,
  et 12 grosses crevettes, décortiquées, pour
  garnir

Une petite botte de ciboules, émincées

Limes, coupées en deux, pour garnir

*Vinaigrette*

Le jus et le zeste râpé de 1 lime

15 ml (1 c. à soupe) de sauce soja

1/2 piment rouge frais, épépiné et finement
  haché

1 gousse d'ail, finement hachée

5 ml (1 c. à thé) de gingembre frais, râpé

45 ml (3 c. à soupe) d'huile végétale

La pulpe de 1 fruit de la passion

2,5 g (½ c. à thé) de sucre

Séparer les tiges des feuilles de coriandre et hacher les tiges finement.

Vinaigrette : Dans un bol, mélanger les tiges de coriandre hachées et les ingrédients de la recette. Mettre la vinaigrette au réfrigérateur.

Salade : Peler la mangue et la couper en tranches autour du noyau. Couper la papaye en quartiers, en enlever les graines puis en couper la chair comme on le ferait avec celle d'un melon. Mettre la pulpe de mangue et de papaye dans un bol. Couper les cœurs de palmier en morceaux d'une bouchée et les ajouter aux fruits. Ajouter les petites crevettes puis incorporer les feuilles de coriandre et les ciboules. Ajouter la vinaigrette et mélanger délicatement le tout.

Mettre la salade dans un plat de service, la garnir de grosses crevettes et de demi-limes.

NOTE

Cette salade contient des fibres et des vitamines A et C.

**Valeur nutritive, par portion :**

Calories : 297

Matières grasses : 10 g

Glucides : 25 g

Sel : 5,26 g

Gras saturés : 1,2 g

Fibres : 5,5 g

# couscous épicé aux crevettes

175 g (6 oz) de raisins secs

350 g (¾ de lb) de couscous

450 ml (1 ¾ tasse) de bouillon de légumes

225 g (½ lb) de crevettes, cuites et
   décortiquées

½ gros concombre, pelé, épépiné et coupé en
   cubes

1 poivron rouge, épépiné et coupé en cubes

1 poivron vert, épépiné et coupé en cubes

4 grosses tomates italiennes, épépinées et
   grossièrement hachées

4 ciboules, finement hachées

1 grosse carotte, râpée

1 courgette à peau fine, râpée

*Vinaigrette*

125 ml (½ tasse) d'huile d'olive

125 ml (½ tasse) d'huile de noix

2 petits piments rouges, épépinés et hachés

3 grosses ciboules, parées et émincées

1 gousse d'ail, hachée

Un morceau de gingembre de 2,5 cm (1 po)
   de longueur, pelé et râpé

**Valeur nutritive, par portion :**

Calories : 480

Matières grasses : 30 g

Glucides : 40 g

Sel : 3 g

Gras saturés : 3,5 g

Fibres : 2,5 g

Mettre tous les ingrédients de la vinaigrette dans un pot de verre, fermer hermétiquement et bien agiter.

Faire tremper les raisins secs dans de l'eau bouillante fraîchement bouillie 1 minute puis les égoutter.

Incorporer les raisins au couscous et faire cuire celui-ci selon les indications du fabricant, 20 minutes environ, en remplaçant l'eau par du bouillon.

Incorporer les crevettes et les légumes crus au couscous encore chaud. Ajouter la vinaigrette et bien mélanger le tout.

Servir cette salade chaude ou la couvrir d'une pellicule de plastique et la laisser au réfrigérateur. Ramener la salade à la température ambiante avant de la servir.

NOTE

Cette salade est riche en fer, en calcium et en vitamines A, B6, C et E.

# nouilles épicées aux tomates

110 g (¼ de lb) de nouilles aux œufs, cuites

45 ml (3 c. à soupe) d'huile de tournesol

2,5 ml (½ c. à thé) de graines de cumin

5 gousses d'ail, finement hachées

1 piment vert, finement haché

5 ml (1 c. à thé) de gingembre frais, râpé

Une bonne pincée d'assa-fœtida (facultatif)

Une pincée de curcuma

2,5 ml (½ c. à thé) (ou moins) de poivre de
    Cayenne

6 tomates bien mûres, pelées et grossièrement
    hachées

110 g (¼ de lb) d'oignons, finement hachés

Sel, poivre noir, fraîchement moulu et sucre

45 ml (3 c. à soupe) de feuilles de coriandre,
    finement hachées

Feuilles de coriandre entières, pour garnir

Faire cuire les nouilles selon les indications du fabricant, puis les égoutter et réserver. Faire chauffer l'huile à feu moyen-vif dans un wok ou une grande poêle antiadhésive profonde.

Quand l'huile est chaude, y faire frire les graines de cumin quelques secondes. Ajouter l'ail, le piment et le gingembre et les faire dorer 2 à 3 minutes. Ajouter l'assa-fœtida (facultatif), le curcuma et le poivre de Cayenne. Remuer vivement les épices puis ajouter les oignons et cuire 3 à 4 minutes à feu moyen. Ajouter les tomates, assaisonner de sel, de poivre et de sucre au goût et faire cuire 5 à 6 minutes en remuant fréquemment. Ajouter la coriandre et rectifier l'assaisonnement. Faire mijoter 2 à 3 minutes, jusqu'à ce que les tomates soient tendres.

Incorporer les nouilles cuites aux tomates, laisser mijoter 1 à 2 minutes de manière à ce que les nouilles soient bien chaudes. Servir aussitôt garni de feuilles de coriandre.

NOTE

Ce plat est riche en vitamines C et E.

**Valeur nutritive, par portion :**

Calories : 228

Matières grasses : 11 g

Glucides : 28 g

Sel : 0,41 g

Gras saturés : 1,3 g

Fibres : 1,9 g

# salade de **pâtes** rouge et verte

400 g (14 oz) de fusillis aux tomates et aux
épinards mélangés

Les fleurets de 1 gros brocoli, coupés en deux
si nécessaire

150 g (5 oz) de mini-épinards

1 oignon rouge, très finement haché

200 g (7 oz) de raisins noirs sans pépins,
coupés en deux

125 ml (½ tasse) d'huile d'olive extravierge

45 ml (3 c. à soupe) de parmesan frais, râpé

Faire cuire les pâtes selon les indications du fabricant. Les égoutter puis les mettre dans un grand bol chaud. Pendant ce temps, blanchir les fleurets de brocoli 5 minutes. Laver les épinards sans les assécher. Mettre les épinards dans une casserole, couvrir et faire cuire 3 à 5 minutes, jusqu'à ce qu'ils soient flétris.

Égoutter les légumes verts puis les mettre sur les pâtes avec l'oignon et les raisins. Mélanger délicatement le tout de manière à ne pas briser le brocoli. Ajouter l'huile d'olive et le parmesan, mélanger de nouveau le tout et servir aussitôt.

### Comment couper un oignon en dés

Couper l'oignon en deux du sommet vers le bas. Peler l'oignon sans en couper la base. Placer chaque moitié d'oignon, le côté coupé vers le bas, la trancher à l'horizontale vers la base puis la couper dans l'autre sens.
Hacher ensuite l'oignon dans le sens de la largeur.

**Valeur nutritive, par portion :**

Calories : 730

Matières grasses : 34 g

Glucides : 89 g

Sel : 0,4 g

Gras saturés : 5,9 g

Fibres : 7,6 g

# nouilles aux œufs aux légumes frits

110 g (¼ de lb) de nouilles aux œufs, sèches ou fraîches

30 ml (2 c. à soupe) d'huile végétale

1 gousse d'ail, finement hachée

1 gros piment rouge séché, grossièrement haché

50 g (2 oz) de céleri, finement haché

50 g (2 oz) de germes de haricots

2 ciboules, finement hachées

1 tomate moyenne, coupée en quartiers

2,5 ml (½ c. à thé) de poudre de piment

45 ml (3 c. à soupe) de sauce soja légère

5 ml (1 c. à thé) de sauce soja foncée

2,5 g (½ c. à thé) de sucre

Amener une casserole d'eau à ébullition pour faire cuire les nouilles. Si on se sert de nouilles fraîches, les démêler en les agitant, les mettre dans une passoire dans l'eau bouillante et les faire cuire 2 à 3 secondes juste pour bien les réchauffer. Si on se sert de nouilles sèches, les faire cuire jusqu'à ce qu'elles se séparent et soient tendres.

Égoutter et réserver.

Faire chauffer l'huile dans un wok jusqu'à ce qu'elle fume légèrement. Faire revenir l'ail 2 à 3 secondes, puis ajouter le piment et faire frire jusqu'à ce que l'ail soit doré.

Ajouter les nouilles, bien les remuer pour les empêcher de coller, puis ajouter le reste des ingrédients en remuant rapidement. Servir aussitôt.

**Valeur nutritive, par portion :**

Calories : 170

Matières grasses : 7 g

Glucides : 23 g

Sel : 2,31 g

Gras saturés : 1 g

Fibres : 1,4 g

# poulet aux poivrons, au **guacamole** et à l'huile de piment

4 poitrines de poulet, sans peau, coupée
   chacune en 5 lanières

Huile de piment

2 laitues romaines, les grandes feuilles
   déchirées en deux

1 boîte de poivrons rouges espagnols,
   égouttés et coupés en deux

1 bouquet de coriandre

*Guacamole*

3 avocats mûrs, pelés et dénoyautés

Le jus de ½ citron

1 gousse d'ail, broyée

1 piment moyen, épépiné et coupé en dés

½ oignon rouge moyen, coupé en dés

½ bouquet de coriandre, grossièrement
   hachée

Sel et poivre noir, fraîchement moulu

Guacamole : Écraser les avocats avec une fourchette ou les réduire en purée dans le robot de cuisine. Incorporer le jus de citron, l'ail, le piment, l'oignon et la coriandre hachée. Assaisonner au goût.

Préchauffer un gril ou une plaque de fonte et badigeonner légèrement le poulet d'huile de piment. Mettre les lanières de poulet sur le gril ou la plaque et les faire dorer 5 minutes de chaque côté.

Mettre un peu de guacamole dans chaque assiette. Couvrir de quelques feuilles de romaine puis mettre du poulet et des poivrons dessus. Ajouter du guacamole dans chaque assiette, arroser d'huile de piment et servir aussitôt.

## Comment faire griller les poitrines de poulet

Faire chauffer une plaque de fonte à fond strié. Badigeonner chacune des poitrines (mais pas la plaque) d'un peu d'huile de sésame, les assaisonner et les mettre sur la plaque. Faire rôtir les poitrines 5 à 6 minutes de chaque côté, jusqu'à ce qu'elles soient légèrement carbonisées et complètement cuites.

**Valeur nutritive, par portion :**

Calories : 402

Matières grasses : 24 g

Glucides : 10 g

Sel : 0,61 g

Gras saturés : 3,1 g

Fibres : 5,8 g

plats
principaux

# moules au citron à la vapeur

1 gousse d'ail, broyée

Un morceau de gingembre de 1 cm (½ po)
de longueur, pelé et émincé

2 tiges de citronnelle fraîche, pelées et
finement hachées

60 ml (¼ de tasse) de vinaigre de vin de riz
ou de vin blanc

60 ml (¼ de tasse) de vin blanc sec (facultatif)
ou d'eau

Le jus de ½ citron

1,2 kg (2 lb) de moules fraîches, ébarbées
et bien brossées

75 ml (5 c. à soupe) de lait de coco faible
en gras

Le jus de 1 lime

Mettre l'ail, le gingembre, la citronnelle, le vinaigre, le vin et le jus de citron dans une grande casserole, amener à ébullition et laisser mijoter 5 minutes. Ajouter les moules, couvrir la casserole et faire cuire à feu doux 3 à 4 minutes en remuant la casserole de temps à autre. Une fois les moules ouvertes, ajouter le lait de coco et le jus de lime, couvrir et agiter une ou deux fois pour enrober les moules de sauce. Jeter les moules non ouvertes et servir aussitôt.

NOTE

Cette recette est très riche en fer et en zinc.

**Comment ébarber les moules**

Tenir une moule dans une main puis, de l'autre, tirer la barbe vers le bas pour l'enlever. Bien brosser les moules avant de les faire cuire.

**Valeur nutritive, par portion :**

Calories : 181

Matières grasses : 7 g

Glucides : 7 g

Sel : 1,45 g

Gras saturés : 3,8 g

Fibres : 0,2 g

# pétoncles au gingembre, aux ciboules et au tamarin

15 ml (1 c. à soupe) de pâte de tamarin

Un morceau de gingembre de 2 cm (¾ de po), pelé et râpé

2 ciboules, émincées sur la longueur puis trempées dans l'eau glacée

45 ml (3 c. à soupe) d'huile végétale (et plus pour la cuisson)

15 ml (1 c. à soupe) d'huile de sésame rôtie

12 pétoncles

Sel

Mettre la pâte de tamarin et 60 ml (¼ de tasse) d'eau dans une casserole et les chauffer doucement en remuant le mélange de manière à obtenir le plus de jus possible. Réserver et laisser refroidir.

Filtrer le jus de tamarin puis le mêler avec le gingembre râpé, les ciboules égouttées et les deux huiles.

Saler les pétoncles au goût. Faire chauffer une poêle à frire sur feu vif puis la huiler légèrement. Une fois l'huile chaude, faire frire les pétoncles à feu très vif un maximum de 45 secondes de chaque côté.

Mettre les pétoncles dans des assiettes peu profondes ou mieux encore dans des coquilles Saint-Jacques et verser la sauce dessus.

NOTE

Si les pétoncles sont très gros, ils risquent de rester froids et mal cuits au centre. Afin d'éviter cela, on peut tout simplement les couper en deux rondelles.

**Valeur nutritive, par portion :**

Calories : 263

Matières grasses : 18 g

Glucides : 3 g

Sel : 0,92 g

Gras saturés : 2,3 g

Fibres : 0,1 g

# pétoncles grillés avec guacamole, coriandre et piment

1 avocat

Le jus de 1 citron

Le jus de 1 lime

50 g (2 oz) de feuilles de coriandre, hachées

1 gousse d'ail, hachée

1 piment, épépiné et coupé en dés

50 g (2 oz) de ciboulette, hachée

15 ml (1 c. à soupe) d'huile d'olive

25 g (1 ½ c. à soupe) de beurre

12 pétoncles frais

30 ml (2 c. à soupe) de lait de coco faible
   en gras

Brins de coriandre

Sel et poivre noir, fraîchement moulu

*Salade d'avocat*

1 avocat, coupé en dés

1 piment, épépiné et coupé en dés

40 g (1 ½ oz) de feuilles de coriandre, hachées

**Valeur nutritive, par portion :**

Calories : 345

Matières grasses : 26 g

Glucides : 3 g

Sel : 1,14 g

Gras saturés : 7,9 g

Fibres : 2,7 g

Peler l'avocat et le couper en dés. Mettre l'avocat dans un petit bol, ajouter les jus de citron et de lime. Saler et poivrer au goût. Passer les feuilles de coriandre, l'ail, le piment et la ciboulette au robot de cuisine puis les incorporer à l'avocat.

Faire chauffer le beurre et l'huile d'olive dans une petite poêle à frire. Assaisonner les pétoncles puis les faire griller 1 minute de chaque côté. Mélanger les ingrédients de la salade dans un bol. Servir les pétoncles avec le guacamole et la salade d'avocat.

Garnir de lait de coco et de brins de coriandre.

## Comment préparer les pétoncles

En plaçant le côté plat de la coquille Saint-Jacques vers le haut, glisser la lame d'un couteau coupant entre les deux coquilles de manière à couper le nerf qui les retient ensemble. Enlever et jeter la coquille supérieure.

Glisser ensuite la lame du couteau sous le pétoncle et le couper. Jeter la membrane foncée et la veine noire.

# palourdes au piment et au basilic

450 g (1 lb) de petites palourdes fraîches
(avec leurs coquilles)

30 ml (2 c. à soupe) d'huile végétale

2 gousses d'ail, finement hachées

15 ml (1 c. à soupe) d'huile de piment

30 ml (2 c. à soupe) de nam pla (sauce au
poisson thaïlandaise)

30 ml (2 c. à soupe) de bouillon de poisson
ou d'eau

2,5 g (½ c. à thé) de sucre

1 long piment rouge, émincé

20 feuilles de basilic sacré frais, ciselées

Passer les palourdes sous l'eau froide en éliminant toutes celles qui ne se ferment pas quand on les frappe. Égoutter et réserver.

Faire chauffer l'huile dans un wok ou une poêle à frire et y faire dorer l'ail. Ajouter les palourdes et l'huile de piment et bien mélanger.

Ajouter le reste des ingrédients à tour de rôle en remuant chaque fois le mélange, puis faire cuire à feu vif jusqu'à ce que toutes les palourdes soient ouvertes. Jeter les palourdes qui ne s'ouvrent pas.

Mettre dans un plat de service et servir.

NOTE

À défaut de basilic sacré, utiliser du basilic ordinaire.

**Valeur nutritive, par portion :**

Calorie : 1,5

Matières grasses : 9 g

Glucides : 2 g

Sel : 1,43 g

Gras saturés : 1,1 g

Fibres : 0,1 g

# palourdes du Pêcheur

1,8 kg (4 lb) de palourdes (ou autre
   coquillage)

30 ml (2 c. à soupe) d'huile d'olive

2 gousses d'ail, finement hachées

1 piment vert, épépiné et haché

1 piment rouge, épépiné et finement haché

15 ml (1 c. à soupe) de persil, haché

Trier les palourdes et les rincer à fond. Faire chauffer l'huile dans une grande poêle puis y faire frire l'ail et les piments 2 à 3 minutes, juste le temps requis pour parfumer l'huile. Mettre les palourdes dans la casserole, augmenter le feu et faire cuire 3 à 4 minutes, jusqu'à ce que toutes les palourdes soient ouvertes. Remuer les palourdes avec une cuiller de manière à ce qu'elles cuisent toutes. Une fois ouvertes, elles sont cuites. Retirer aussitôt la casserole du feu car les palourdes durcissent si elles sont trop cuites. Garnir les palourdes de persil haché et servir aussitôt.

NOTE

Laisser tremper les palourdes toute la nuit en eau froide et jeter celles dont les coquilles sont brisées, qui sont entrouvertes ou qui sont trop lourdes (ce qui signifie qu'elles contiennent autre chose qu'un mollusque vivant). Les palourdes peuvent rester fraîches tant qu'il y a de l'eau dans les coquilles.

**Valeur nutritive, par portion :**

Calories : 134

Matières grasses : 7 g

Glucides : 1 g

Sel : 0,19 g

Gras saturés : 1 g

Fibres : 0,2 g

# pattes de crabe aux ciboules, au piment et à l'ail

*Pâte de piment*

1 piment rouge, épépiné et finement haché

2 gousses d'ail, hachées

Un morceau de gingembre de 1 cm (½ po) de
longueur, pelé et haché

20 à 25 ml (1 ½ c. à soupe) de vinaigre de vin
de riz

10 g (1 c. à soupe) de sucre semoule

2,5 ml (½ c. à thé) de sel de mer

125 ml (½ tasse) d'huile végétale

50 g (2 oz) de gingembre, pelé et émincé

4 pattes de crabe, bouillies, la carapace cassée
et nettoyées

30 ml (2 c. à soupe) de nam pla (sauce au
poisson thaïlandaise)

4 ciboules, émincées sur la longueur (le vert
réservé pour garnir)

Poivre noir, fraîchement moulu

Feuilles de coriandre, pour garnir

Pâte de piment : Réduire le piment, l'ail et le gingembre en pâte dans le robot de cuisine. Ajouter le vinaigre de vin de riz, le sucre et le sel, et bien mélanger.

Faire chauffer l'huile végétale dans un wok à feu moyen. Ajouter la pâte de piment et la faire frire 1 à 2 minutes. Ajouter le gingembre et les pattes de crabe, puis incorporer le nam pla et les ciboules. Bien mélanger, réduire le feu et mettre un couvercle ou du papier d'aluminum sur le wok. Faire cuire 2 à 3 minutes en remuant le wok à plusieurs reprises. Poivrer au goût et servir aussitôt, garni du vert des ciboules et des feuilles de coriandre.

**Valeur nutritive, par portion :**

Calories : 662

Matières grasses : 64 g

Glucides : 7 g

Sel : 3,87 g

Gras saturés : 7,2 g

Fibres : 0,3 g

# calmars au curry sec

175 à 225 g (6 à 8 oz) de calmars (corps central seulement), lavés et nettoyés

30 ml (2 c. à soupe) d'huile végétale

2 gousses d'ail, finement hachées

10 ml (2 c. à thé) de pâte de curry rouge

15 ml (1 c. à soupe) de nam pla (sauce au poisson thaïlandaise)

15 ml (1 c. à soupe) de sauce soja légère

5 ml (1 c. à thé) de sucre

2 ou 3 petites aubergines vertes, coupées en quartiers

1 petit piment rouge frais, finement haché

2 feuilles de lime kaffir, émincées

10 feuilles de basilic sacré

Inciser délicatement la chair des calmars des deux côtés puis la couper en cubes d'environ 2,5 cm (1 po). Réserver. Faire chauffer l'huile dans un wok ou une poêle à frire, puis y faire dorer l'ail. Ajouter la pâte de curry et faire cuire quelques secondes.

Ajouter le calmar en l'enrobant de sauce. Ajouter le nam pla, la sauce soja, le sucre et les aubergines, et faire sauter à feu vif jusqu'à ce que les aubergines soient tendres. Incorporer le piment, les feuilles de lime kaffir et le basilic.

Une fois que le calmar est cuit et opaque, mélanger le plat une dernière fois et servir aussitôt.

## Comment préparer les calmars

Couper les tentacules des calmars puis en retirer les entrailles et les jeter. En éliminer ensuite le bec et la plume (partie dure cartilagineuse interne). Enlever les nageoires, gratter la membrane violacée des calmars puis couper le corps en rondelles.

**Valeur nutritive, par portion :**

Calories : 110

Matières grasses : 7 g

Glucides : 4 g

Sel : 1,58 g

Gras saturés : 0,7 g

Fibres : 1,1 g

# filets de **saumon** grillés avec pommes de terre nouvelles et salade aux agrumes

16 petites pommes de terre nouvelles, bien brossées

3 oranges, coupées en segments, le jus réservé (voir méthode ci-dessous)

3 citrons, coupés en segments, le jus réservé (voir méthode ci-dessous)

125 ml (½ tasse) d'huile d'olive

4 filets de saumon, sans la peau

60 ml (¼ de tasse) de coriandre, hachée

200 g (7 oz) de roquette

Sel et poivre noir

Faire cuire les pommes de terre dans de l'eau salée 12 à 15 minutes. Égoutter, laisser refroidir un peu puis les trancher. Assaisonner et arroser d'un peu d'huile d'olive. Mettre les segments d'orange et de citron dans un bol. Incorporer 100 ml (⅓ de tasse) d'huile aux jus et battre puis assaisonner au goût. Faire chauffer une poêle antiadhésive puis y verser le reste de l'huile. Assaisonner les filets puis les faire cuire 3 à 4 minutes, jusqu'à ce qu'ils soient légèrement dorés. Retourner les filets et les faire cuire 1 minute de l'autre côté, jusqu'à ce qu'ils soient juste tendres. Mettre les filets dans une assiette et les garder au chaud. Ajouter les segments d'agrumes à la vinaigrette, ajouter la coriandre et la roquette, et bien mélanger. Disposer les filets dans les assiettes de service, accompagner des pommes de terre et de la salade.

### Comment couper les agrumes en segments

À l'aide d'un couteau coupant, couper la partie supérieure de chaque fruit puis en couper l'écorce et la peau blanche en spirale. En glissant le couteau devant chaque membrane vers le centre du fruit, libérer la pulpe dans un plat.

**Valeur nutritive, par portion :**

Calories : 644

Matières grasses : 45 g

Glucides : 29 g

Sel : 0,22 g

Gras saturés : 7,1 g

Fibres : 3,9 g

# médaillons de **lotte** au choy sum et à la sauce soja

900 g (2 lb) de choy sum (vendu dans les épiceries orientales), haché

Le jus de 1 citron

5 gousses d'ail, broyées

Un morceau de gingembre de 2,5 cm (1 po) de longueur, pelé et râpé

30 ml (2 c. à soupe) de sauce soja sucrée

15 ml (1 c. à soupe) d'huile d'olive

900 g (2 lb) de filets de baudroie, coupés en 12 médaillons

1 carotte, coupée en fines lanières

4 ciboules, coupées en fines lanières

50 g (3 c. à soupe) de beurre, coupé en dés

1 gros piment rouge, épépiné et coupé en lanières

Sel et poivre noir, fraîchement moulu

Blanchir le choy sum 3 minutes en eau bouillante salée puis le passer à l'eau froide. Bien égoutter le choy sum et rincer la casserole.

Mélanger le jus de citron, l'ail, le gingembre râpé et la sauce soja dans un bol.

Faire chauffer l'huile à feu vif dans la casserole puis y faire cuire les médaillons de baudroie 1 minute de chaque côté. Ajouter le choy sum, la carotte, les ciboules et la sauce préparée. Augmenter la chaleur et ajouter le beurre. Remuer la casserole pour y faire fondre le beurre, assaisonner au goût et ajouter les lanières de piment. Servir aussitôt.

NOTE

Ce plat est riche en fer, en acide folique et en vitamines A et C.

Valeur nutritive, par portion :

Calories : 352

Matières grasses : 15 g

Glucides : 12 g

Sel : 3,31 g

Gras saturés : 7,2 g

Fibres : 0,9 g

# saint-pierre entiers grillés

4 saint-pierre très frais entiers

Sel et poivre noir, fraîchement moulu

Beurre, pour la friture

50 à 110 g (¼ à ½ tasse) de beurre

20 ml (4 c. à thé) d'herbes (persil, ciboulette, fenouil et thym), mélangées et finement hachées

Étêter les poissons. Inciser la peau en diagonale des deux côtés. Saler, poivrer et beurrer des deux côtés. Faire griller les poissons 10 à 12 minutes à feu moyen (selon leur taille) en les retournant une fois durant la cuisson. Entre-temps, faire fondre le beurre et y incorporer les herbes.

Verser le beurre aux herbes sur les poissons et servir aussitôt.

**Valeur nutritive, par portion :**

Calories : 317

Matières grasses : 14 g

Glucides : 0 g

Sel : 0,87 g

Gras saturés : 7,2 g

Fibres : 0,1 g

## Comment hacher les fines herbes

Laver et assécher les herbes en en jetant les tiges ou en les gardant pour faire du bouillon. Rassembler les herbes en boule puis les hacher grossièrement. Les hacher ensuite finement dans l'autre sens.

# maquereau au four
# et « nouilles » de carottes

4 grosses carottes

4 filets de maquereau de 225 g (½ lb) chacun

5 ml (1 c. à thé) de graines de coriandre,
broyées

2 échalotes, coupées en petit dés

Le zeste râpé de 1 orange

30 ml (2 c. à soupe) de feuilles de coriandre,
finement hachées

15 ml (1 c. à soupe) de vinaigre balsamique

30 ml (2 c. à soupe) d'huile d'olive extravierge

Sel et poivre noir, fraîchement moulu

À l'aide d'un couteau à peler, couper les carottes en fines lanières.

Assaisonner les filets de maquereau de sel, de poivre et de graines de coriandre. Préchauffer le four à 230 °C/450 °F/8 au four à gaz, puis y faire cuire les filets 8 à 10 minutes sur une plaque de four, la peau vers le haut.

Entre-temps, amener une casserole d'eau salée à ébullition, y blanchir les carottes 2 à 3 secondes, puis les passer à l'eau froide et bien égoutter.

Dans un bol, mélanger les échalotes, le zeste d'orange, les feuilles de coriandre, le vinaigre, l'huile, du sel et du poivre. Une fois le poisson cuit, mettre les carottes dans une grande assiette de service et les arroser d'un peu de vinaigrette. Placer les filets dessus, puis arroser du reste de la vinaigrette et servir aussitôt.

**Valeur nutritive, par portion :**

Calories : 475

Matières grasses : 34 g

Glucides : 9 g

Sel : 0,34 g

Gras saturés : 6,1 g

Fibres : 2,2 g

# rougets en papillote

6 morceaux de papier d'aluminium de
   20 X 20 cm (8 X 8 po)

45 ml (3 c. à soupe) d'huile d'olive

1 fenouil moyen, émincé

1 oignon moyen, coupé en fines rondelles

6 rougets, parés et lavés

Quelques brins de thym

2 gousses d'ail, émincées

6 tranches fines de citron

Sel de mer et poivre noir, fraîchement moulus

Quartiers de citron, pour servir

Préchauffer le four à 200 °C/400 °F/6 au four à gaz.

Huiler le centre de chaque morceau de papier d'aluminium en utilisant environ la moitié de l'huile et y répartir également les tranches de fenouil et d'oignon.

Farcir chacun des poissons d'un brin de thym et d'ail et mettre ceux-ci sur les légumes. Arroser du reste de l'huile. Mettre une tranche de citron sur chaque poisson, saler et poivrer au goût, et bien sceller le papier d'aluminium. Faire cuire 10 à 15 minutes au four en découvrant les poissons pendant les 5 dernières minutes de cuisson.

Quand les poissons sont brunis, les servir avec les quartiers de citron. Ajouter un peu de sel de mer au besoin.

**Valeur nutritive, par portion :**

Calories : 292

Matières grasses : 15 g

Glucides : 4 g

Sel : 0,68 g

Gras saturés : 3,2 g

Fibres : 1,3 g

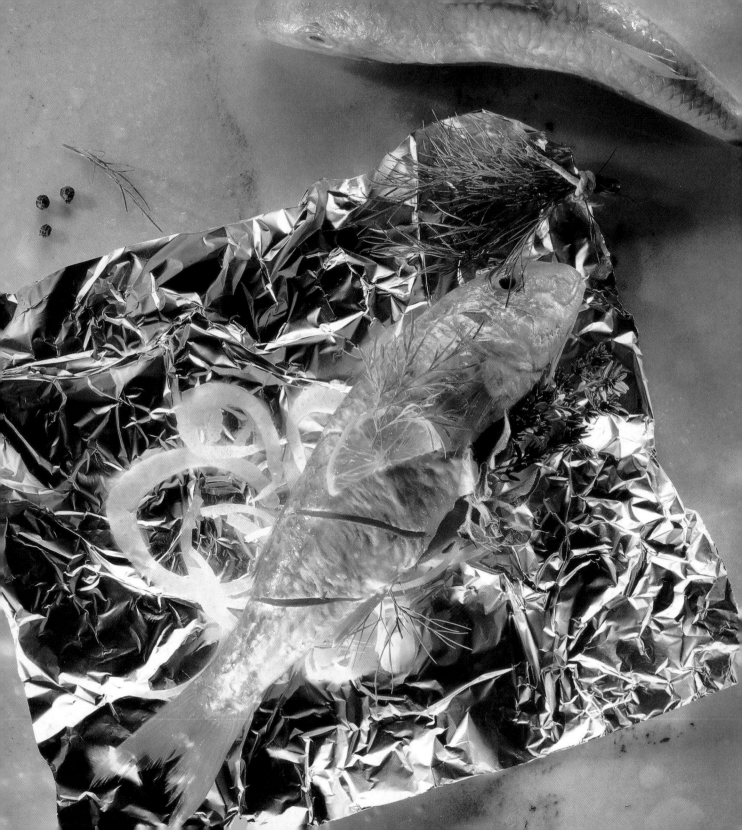

# poisson cuit à la vapeur
# à la pâte de piments

2 longs piments rouges séchés, épépinés
et trempés dans l'eau

3 gousses d'ail, hachées

3 petites échalotes rouges, hachées

Un morceau de galanga de 2,5 cm (1 po)
de longueur, pelé et grossièrement haché

15 ml (1 c. à soupe) de citronnelle, hachée

450 g (1 lb) de baudroie ou d'une autre
variété de poisson d'eau douce, coupée
en filets puis en cubes de 2,5 cm (1 po)

30 ml (2 c. à soupe) de nam pla (sauce au
poisson thaïlandaise)

2 feuilles de basilic

Réduire en purée ensemble, dans un mortier, les piments, l'ail, les échalotes, le galanga et la citronnelle.

Mettre les morceaux de poisson dans un bol avec le nam pla, le basilic et la pâte préparée, et mélanger délicatement le tout.

Mettre le poisson dans un plat résistant à la chaleur et faire cuire 15 minutes à la vapeur. Servir le poisson dans le plat.

NOTE

Le galanga est un rhizome de couleur crème un peu plus coriace que le gingembre. On s'en sert de la même manière que ce dernier mais son goût est plus citronné.

**Valeur nutritive, par portion :**

Calories : 89

Matières grasses : 1 g

Glucides : 3 g

Sel : 1,42 g

Gras saturés : 0,1 g

Fibres : 0,3 g

# thon grillé à la salsa verde

4 darnes de thon de 200 g (7 oz) chacune
Huile d'olive, pour badigeonner
1 citron, coupé en quartiers, pour servir

*Salsa verde*
1 gousse d'ail
Un bouquet de persil plat, haché
1 ciboule finement hachée
2 filets d'anchois, finement hachés
5 ml (1 c. à thé) de moutarde de Dijon
10 ml (2 c. à thé) de câpres
60 ml (¼ de tasse) d'huile d'olive
Sel et poivre noir, fraîchement moulu

Préchauffer le gril du four.

Salsa verde : Hacher finement l'ail puis le broyer avec un peu de sel. Piler tous les ingrédients indiqués (sauf l'huile) dans un mortier de manière à obtenir une pâte granuleuse. Y fouetter ensuite de l'huile d'olive de manière à obtenir une pâte épaisse. Rectifier l'assaisonnement.

Badigeonner les darnes d'un peu d'huile d'olive, les saler et poivrer au goût puis les faire griller au four 2 minutes de chaque côté.

Servir chaque darne de thon avec une grosse cuillerée de salsa verde et un quartier de citron.

**Valeur nutritive, par portion :**
Calories : 394
Matières grasses : 22 g
Glucides : 1 g
Sel : 0,89 g
Gras saturés : 4,8 g
Fibres : 0,3 g

# truites farcies au four

60 ml (¼ de tasse) d'huile d'olive extravierge

1 petit oignon, finement haché

1 gousse d'ail, finement hachée

5 ml (1 c. à thé) de paprika

5 ml (1 c. à thé) de poivre de Cayenne

225 g (½ lb) de tomates en conserve, hachées

200 g (7 oz) de pois chiches en conserve, égouttés

4 grosses tiges de persil plat, finement hachées

Le jus de 1 gros citron

4 petites truites saumonées, parées

150 ml (⅔ de tasse) de vin blanc sec

50 g (3 c. à soupe) de beurre doux

Sel et poivre noir, fraîchement moulu

Préchauffer le four à 220 °C / 425 °F / 7 au four à gaz.

Faire chauffer l'huile dans une poêle à frire puis y faire suer doucement l'ail et les oignons 5 minutes. Ajouter le paprika et le poivre de Cayenne, et faire cuire 2 minutes de plus. Ajouter les tomates et les pois chiches, et laisser mijoter le tout 10 minutes environ.

Réduire le mélange en purée grossière et éliminer une partie du jus de tomate de manière à obtenir une farce assez épaisse. Ajouter le persil et le jus de citron et farcir les truites.

Couper 4 morceaux de papier d'aluminium assez grands pour pouvoir envelopper complètement les poissons. Mettre chacune des truites sur un morceau de papier, l'arroser de vin, assaisonner, couvrir d'une noix de beurre et bien sceller le papier. Faire cuire les truites 20 minutes au four. Au moment de servir, ouvrir avec précaution le papier d'aluminum de manière à permettre à la vapeur de s'en échapper.

**Valeur nutritive, par portion :**

Calories : 476

Matières grasses : 29 g

Glucides : 9 g

Sel : 0,55 g

Gras saturés : 9,7 g

Fibres : 2,1 g

# tortillas au poulet à l'avocat, au piment et à la crème sure (aigre)

400 g (14 oz) de poulet, désossé et sans peau,
   coupé en dés

30 ml (2 c. à soupe) d'huile d'olive

4 tortillas à la farine tendres d'environ
   20 cm (8 po) de diamètre chacune

2 avocats mûrs

30 à 40 ml (2 c. à soupe combles) de crème
   sure (aigre)

1 tomate mûre, pelée, épépinée et coupée
   en dés

1 piment rouge, épépiné et finement haché

**Valeur nutritive, par portion :**

Calories : 480

Matières grasses : 25 g

Glucides : 35 g

Sel : 0,6 g

Gras saturés : 5 g

Fibres : 4 g

Préchauffer un gril ou une plaque de fonte. Enfiler les morceaux de poulet sur des brochettes de bois préalablement trempées dans l'eau en évitant de trop les serrer. Badigeonner le poulet d'huile d'olive puis le faire cuire 4 à 5 minutes, jusqu'à ce qu'il soit tendre et légèrement carbonisé. Laisser refroidir un peu les brochettes.

Mettre les tortillas sur une grille puis les passer sous le gril du four 30 à 60 secondes juste pour les réchauffer et en les retournant une fois. On peut aussi les réchauffer sur la plaque de fonte.

Entre-temps, retirer les morceaux de poulet des brochettes. Peler les avocats puis les couper en deux et les dénoyauter. Couper la pulpe en cubes de 1 cm (½ po). Badigeonner chaque tortilla de crème sure puis y mettre quelques morceaux de poulet au centre. Y répartir ensuite les morceaux d'avocat, de tomate et de piment, et bien enrouler les tortillas en enfermant la garniture.

Passer les tortillas sous le gril (sur la grille ou la plaque de fonte) 1 à 2 minutes jusqu'à ce qu'elles soient légèrement rôties. Couper chaque tortilla en deux, en diagonale, en mettre les morceaux dans les assiettes de service et servir aussitôt.

NOTE

Toujours garder un paquet de tortillas à la farine sous la main. De manière à pouvoir les rouler facilement sur elles-mêmes, les passer sous le gril ou les faire frire sur une plaque de fonte. On peut aussi les passer au micro-ondes 20 secondes, à haute intensité, entre des feuilles de papier absorbant humidifiées.

# poitrines de poulet sautées à la cardamome

8 poitrines de poulet

5 ml (1 c. à thé) de graines de cardamome

5 ml (1 c. à thé) de grains de poivre noir

Une bonne pincée de poivre de Cayenne

60 ml (¼ de tasse) d'huile d'olive

50 g (3 c. à soupe) de beurre

Le jus et le zeste finement râpé de 1 citron

Aplatir légèrement les poitrines de poulet. Piler la cardamome et le poivre dans un mortier puis leur incorporer le poivre de Cayenne et l'huile d'olive. Faire tremper le poulet dans cette marinade, couvrir et laisser mariner 2 heures environ.

Faire cuire le poulet à la poêle ou sur le barbecue sur une grille huilée placée à 12,5 cm (5 po) des briquettes de charbon. Faire cuire plusieurs minutes de chaque côté en badigeonnant la viande de marinade.

Battre le beurre en crème puis y incorporer petit à petit le zeste et le jus de citron.

Mettre les poitrines dans un plat de service, les badigeonner de beurre au citron et servir avec une salade verte.

**Valeur nutritive, par portion :**

Calories : 249

Matières grasses : 12 g

Glucides : 1 g

Sel : 0,33 g

Gras saturés : 4,5 g

Fibres : 0 g

# cailles aux pêches

4 cailles entières, désossées, prêtes à cuire

Huile d'olive

25 g (2 c. à soupe) de sucre muscovado pâle

8 pêches mûres, coupées en deux et
   dénoyautées

600 ml (2 ⅓ tasses) de vin muscat

2 gousses de vanille, fendues

2 bettes à carde coupées en julienne
   (voir ci-dessous)

Sel et poivre noir

Préchauffer le four à 200 °C / 400 °F / 6 au four à gaz. Mettre les cailles au centre d'un grand plat allant au four en se servant de cure-dents pour en maintenir la forme. Faire dorer les cailles au four 3 à 5 minutes, les arroser d'huile d'olive puis les assaisonner au goût. Remettre les cailles au four et les faire cuire 1 à 2 minutes de plus, jusqu'à ce qu'elles commencent à rendre leur jus.

Retirer les cailles du four et les saupoudrer de sucre. Les entourer des pêches et arroser de muscat. Ajouter les gousses de vanille et couvrir le tout de la julienne. Remettre au four et faire cuire 5 à 7 minutes, ou jusqu'à ce que les cailles soient bien tendres. Mettre le plat sur la table et servir le tout dans des assiettes creuses chaudes.

NOTE

On peut acheter des cailles désossées dans la plupart des supermarchés, sinon on peut demander à son boucher de les préparer.

### Comment couper les bettes à carde en julienne

Laver et assécher les feuilles. À l'aide d'un couteau bien coupant, enlever les côtes des feuilles (en les réservant pour une autre recette). Rouler les feuilles sur elles-mêmes puis les couper en tranches fines.

**Valeur nutritive, par portion :**

Calories : 526

Matières grasses : 14 g

Glucides : 35 g

Sel : 0,48 g

Gras saturés : 3,4 g

Fibres : 3,3 g

# boulettes de porc
# à la citronnelle

450 g (1 lb) de porc maigre haché

25 g (1 oz) d'échalotes, hachées

2 tiges de citronnelle, pelées et hachées
   très finement

2,5 ml (½ c. à thé) de sel

Beaucoup de poivre noir, fraîchement moulu

Mettre tous les ingrédients dans le robot de cuisine, les saler et poivrer et mélanger le tout quelques secondes. Faire chauffer une poêle à frire puis y faire frire un tout petit peu du mélange pour vérifier s'il est bien assaisonné. Rectifier l'assaisonnement si nécessaire.

Façonner le mélange en boulettes plates d'environ 8 cm (3 po) de diamètre et les faire frire dans la poêle 5 minutes de chaque côté. On peut aussi façonner le mélange en boulettes rondes de 5 cm (2 po) de diamètre, les enfiler sur des brochettes et les faire cuire sur le barbecue 10 à 15 minutes de tous les côtés.

**Valeur nutritive, par portion :**

Calories : 143

Matières grasses : 5 g

Glucides : 1 g

Sel : 0,81 g

Gras saturés : 1,5 g

Fibres : 0,1 g

# foie de veau aux amandes

Les feuilles d'un gros brin de romarin,
finement hachées

2 gousses d'ail, très finement hachées

110 g (¼ de lb) de chapelure de pain de blé
entier (complet)

110 g (¼ de lb) d'amandes, moulues

2 pincées de safran moulu

60 ml (¼ de tasse) d'huile d'olive extravierge

50 g (3 c. à soupe) de beurre doux

4 tranches de foie de veau de 175 g (6 oz)
chacune

150 ml (⅔ de tasse) de vin rouge

110 g (¼ de lb) de raisins secs

Poivre noir, fraîchement moulu

Carottes et brocoli, cuits à la vapeur
(plat d'accompagnement)

Mélanger le romarin, l'ail, la chapelure, les amandes et le safran avec la moitié de l'huile. Poivrer au goût.

Faire chauffer le beurre et le reste de l'huile dans une grande poêle à frire. Y mettre le foie et le faire cuire 3 à 4 minutes selon l'épaisseur des tranches et le degré de cuisson désiré. Ne retourner les tranches qu'une seule fois. Retirer le foie de la poêle et le garder chaud.

Mettre tous les autres ingrédients dans la poêle et les faire bouillir vivement 2 minutes, en grattant le fond de la poêle.

Servir le foie arrosé de sauce avec les carottes et le brocoli.

NOTE

Ce plat est riche en fer, en zinc, en acide folique et en vitamines A, B6 et C. On recommande aux femmes enceintes et à celles qui allaitent de ne consommer qu'une portion de foie par semaine.

**Valeur nutritive, par portion :**

Calories : 707

Matières grasses : 43 g

Glucides : 33 g

Sel : 0,76 g

Gras saturés : 11,3 g

Fibres : 4,3 g

# côtelettes d'agneau
## à la sauce aux abricots frais

30 ml (2 c. à soupe) de miel

30 ml (2 c. à soupe) d'huile d'olive

4 à 6 côtelettes d'agneau de 150 g (6 oz)
    chacune

Sel et poivre noir, fraîchement moulu

Brins de thym, pour garnir

*Sauce aux abricots*

450 g (1 lb) d'abricots frais, dénoyautés, ou
    150 g (6 oz) d'abricots séchés

15 à 30 ml (1 à 2 c. à soupe) de miel (au goût)

30 ml (2 c. à soupe) de menthe fraîche, hachée
    (ou la moitié de menthe séchée)

Quelques gouttes de jus de citron

2,5 ml (½ c. à thé) de zeste de citron, râpé

Sel et poivre noir, fraîchement moulu

Faire chauffer un gril au maximum. Mélanger le miel et l'huile et en badigeonner les côtelettes. Saler et poivrer au goût. Faire griller la viande à feu vif 4 à 5 minutes de chaque côté ; pour obtenir une viande bien cuite, la faire cuire quelques minutes de plus.

Mettre tous les ingrédients de la sauce dans le robot de cuisine et les réduire en purée lisse.

Servir chacune des côtelettes sur un généreux fond de sauce et garnir d'un brin de thym.

**Valeur nutritive, par portion :**

Calories : 355

Matières grasses : 18 g

Glucides : 17 g

Sel : 0,78 g

Gras saturés : 6,7 g

Fibres : 2 g

# brochettes de **surlonge** mariné

1 oignon, émincé

50 g (2 oz) de gingembre frais, pelé et coupé
en julienne (voir ci-dessous)

125 ml (½ tasse) de sauce soja foncée

450 g (1 lb) de surlonge, coupé en cubes de
2,5 cm (1 po)

60 ml (¼ de tasse) d'huile d'olive

110 g (¼ de lb) de shiitakes, tranchés

2 carottes, pelées et coupées en julienne

Mettre l'oignon, le gingembre et la sauce soja dans un plat (non métallique) peu profond. Ajouter les cubes de surlonge, mélanger, puis couvrir le plat d'une pellicule de plastique et le mettre au réfrigérateur 3 heures au moins (ou toute la nuit).

Faire chauffer une grande poêle à frire antiadhésive jusqu'à ce qu'elle soit chaude. Égoutter la viande en réservant la marinade puis enfiler les cubes sur des brochettes de bois. Verser l'huile dans la poêle et, quand elle commence à fumer, y faire rôtir les brochettes de tous les côtés (procéder en deux temps au besoin). Mettre les brochettes dans une assiette chaude et les garder au chaud.

Mettre les carottes et les champignons dans la même poêle et les faire sauter 2 minutes. Ajouter 60 ml (¼ de tasse) de marinade, réduire le feu et poursuivre la cuisson 1 minute en remuant le mélange à quelques reprises. Mettre les brochettes dans les assiettes de service chaudes, les garnir de légumes et arroser du reste de la sauce. Servir aussitôt.

## Comment couper les légumes en julienne

Laver et peler les légumes. En couper les côtés (en gardant les restes pour faire du bouillon) puis les couper en morceaux de 5 cm (2 po) de longueur. Couper les morceaux en tranches fines puis recouper celles-ci en fines lanières.

**Valeur nutritive, par portion :**

Calories : 313

Matières grasses : 17 g

Glucides : 12 g

Sel : 5,94 g

Gras saturés : 3,6 g

Fibres : 1,5 g

# nouilles au bœuf et aux légumes

30 ml (2 c. à soupe) d'huile végétale

225 g (½ lb) de nouilles aux œufs, cuites,
   égouttées et séparées

15 ml (1 c. à soupe) de sauce soja légère

1 gousse d'ail, finement hachée

110 g (¼ de lb) de steak de bœuf, finement
   tranché

15 ml (1 c. à soupe) de nam pla (sauce au
   poisson thaïlandaise)

60 ml (¼ de tasse) de bouillon de bœuf
   (et plus au besoin)

5 ml (1 c. à thé) de sauce aux haricots noirs

5 ml (1 c. à thé) de farine, délayée dans 60 ml
   (¼ de tasse) d'eau (il y en aura plus que
   nécessaire)

110 g (¼ de lb) de légumes verts mélangés :
   légumes-feuilles printaniers, pois mange-
   tout, brocoli, etc.

2,5 g (½ c. à thé) de sucre

Une bonne pincée de poivre blanc, moulu

Faire chauffer 15 ml (1 c. à soupe) d'huile dans un wok ou une poêle à frire. Y mettre les nouilles et les faire frire rapidement en les remuant constamment pour les empêcher de coller. Ajouter la sauce soja et faire frire 30 à 60 secondes. Mettre les nouilles dans un plat de service et les garder au chaud.

Verser le reste de l'huile dans le wok ou la poêle et y faire dorer l'ail. Ajouter le bœuf et le faire sauter à feu vif jusqu'à ce que la viande change de couleur. Ajouter le nam pla, un peu de bouillon et la sauce aux haricots noirs. Épaissir le tout avec un peu de farine délayée en remuant constamment le mélange pour y empêcher la formation de grumeaux. Ajouter les légumes et le sucre et faire frire le tout quelques secondes. Poivrer, mélanger puis servir la viande sur les nouilles.

**Valeur nutritive, par portion :**

Calories : 140

Matières grasses : 7 g

Glucides : 11 g

Sel : 1,55 g

Gras saturés : 1,2 g

Fibres : 1,1 g

# ragoût de **gombos** et de haricots blancs

4 épis de maïs, épluchés

50 g (3 c. à soupe) de beurre doux

350 g (¾ de lb) de petits gombos, parés

4 ciboules, émincées

½ poivron rouge, coupé en dés

½ poivron vert, coupé en dés

½ gousse d'ail, broyée

2,5 ml (½ c. à thé) de thym séché

2,5 ml (½ c. à thé) de paprika

2,5 ml (½ c. à thé) de cumin moulu

400 g (14 oz) de gros haricots blancs en
    conserve

7,5 ml (½ c. à soupe) de jus de citron

Sel et poivre noir, fraîchement moulu

À l'aide d'un petit couteau, égrener les épis de maïs dans un bol (voir ci-dessous).

Couper la moitié du beurre en cubes et mettre ceux-ci au réfrigérateur. Faire chauffer le reste du beurre dans une grande poêle à frire, puis y faire revenir les gombos, les ciboules et les poivrons 3 à 4 minutes. Ajouter les grains de maïs, l'ail, le thym et les épices, réduire le feu et faire cuire jusqu'à ce qu'ils libèrent leurs parfums, 4 à 5 minutes environ. Ajouter les haricots blancs et leur liquide et poursuivre la cuisson jusqu'à ce qu'ils soient bien chauds.

Assaisonner au goût, ajouter le jus de citron puis incorporer les cubes de beurre réservés, quelques-uns à la fois.

NOTE

Ce plat végétarien est riche en fer, en calcium, en acide folique, en fibres et en vitamines A, B6 et C. Les haricots fournissent des protéines faibles en gras.

**Valeur nutritive, par portion :**

Calories : 275

Matières grasses : 14 g

Glucides : 30 g

Sel : 0,89 g

Gras saturés : 6,5 g

Fibres : 8,4 g

### Comment égrener les épis de maïs

Enlever les pelures et la barbe des épis. Tenir chaque épi debout sur une surface de travail et en couper les grains avec un petit couteau bien coupant.

salades,
soupes et
à-côtés

# soupe aux betteraves et au **chou**

60 ml (¼ de tasse) d'huile de colza

1 oignon, finement haché

1 gousse d'ail, finement hachée

450 g (1 lb) de petites betteraves crues,
    coupées en dés

1 litre (4 tasses) de bouillon de légumes

30 ml (2 c. à soupe) de vinaigre de cidre

275 g (10 oz) de chou blanc, grossièrement
    râpé (voir p. 154)

8 tiges de ciboulette

Faire chauffer l'huile dans une grande casserole puis y faire suer doucement l'oignon et l'ail 5 minutes.

Ajouter les betteraves et le bouillon et faire bouillir jusqu'à ce que les betteraves soient bien tendres. Passer la soupe au mélangeur avec le vinaigre de cidre puis la remettre dans la casserole.

Mettre le chou dans la soupe mais sans l'y mélanger. Couvrir et laisser mijoter 5 minutes, jusqu'à ce que le chou soit tendre mais encore croquant.

Servir la soupe garnie de ciboulette.

**Valeur nutritive, par portion :**

Calories : 178

Matières grasses : 11 g

Glucides : 15 g

Sel : 1,03 g

Gras saturés : 0,8 g

Fibres : 4,1 g

# soupe aux moules, aux haricots, aux tomates et à la coriandre

1,5 kg (3 ¼ lb) de moules, lavées et ébarbées
(voir page 64)

300 ml (1 ¼ tasse) de vin blanc sec

45 ml (3 c. à soupe) d'huile d'olive

1 oignon, finement haché

200 g (7 oz) de petits haricots verts, finement
hachés

3 tomates italiennes, pelées, épépinées
et coupées en dés

Les feuilles de 1 bouquet de coriandre,
hachées

Grains de poivre blanc (facultatif)

Sel et poivre noir

Préparer les moules en jetant celles qui ne se referment pas lorsqu'on les frappe.

Faire chauffer une grande casserole sur feu vif. Y mettre les moules, couvrir 10 à 15 secondes, puis ajouter le vin et 300 ml (1 ¼ tasse) d'eau. Ajouter du poivre blanc si on le désire, puis couvrir la casserole et faire cuire, en remuant la casserole de temps en temps, 5 minutes ou jusqu'à ce que toutes les moules soient ouvertes. Jeter les moules qui sont encore fermées.

Placer une passoire au-dessus d'un grand bol puis y mettre les moules en gardant le liquide de cuisson. Passer celui-ci à travers un tamis fin et le réserver. Une fois que les moules sont assez froides pour être manipulées, en extraire la chair et la réserver. Jeter les coquilles.

Faire chauffer une casserole, y mettre 15 ml (1 c. à soupe) d'huile d'olive puis y faire revenir l'oignon quelques minutes jusqu'à ce qu'il soit tendre. Ajouter le liquide de cuisson réservé et amener à ébullition. Assaisonner au goût. Ajouter les haricots, les moules et les tomates, et bien réchauffer le tout. Verser la soupe dans des bols larges et servir aussitôt, garnie de coriandre et arrosée du reste de l'huile d'olive.

**Valeur nutritive, par portion :**

Calories : 245

Matières grasses : 11 g

Glucides : 10 g

Sel : 0,86 g

Gras saturés : 1,5 g

Fibres : 2,4 g

# soupe à l'avocat froide

5 avocats mûrs, pelés et dénoyautés

1 litre (4 tasses) de bouillon de poulet

Le jus de 1 gros citron

2 grosses gousses d'ail, finement hachées

3 piments rouges, épépinés et hachés

Une grosse pincée de poivre de Cayenne

4 grosses ciboules, grossièrement hachées

Les feuilles de 12 tiges de coriandre

200 g (7 oz) de tomates italiennes en conserve,
    égouttées

150 ml (⅔ de tasse) de yogourt nature
    biologique

60 ml (¼ de tasse) de graines de citrouille

Sel et poivre noir, fraîchement moulu

Mettre la pulpe d'avocat, le bouillon de poulet et le jus de citron dans le robot de cuisine.

Ajouter l'ail, les piments et le poivre de Cayenne. Mélanger le tout jusqu'à consistance lisse.

Ajouter les ciboules, la coriandre et les tomates et mélanger brièvement.

Ajouter le yogourt et mélanger la soupe quelques secondes. Rectifier l'assaisonnement et mettre la soupe au réfrigérateur avant de la servir garnie de graines de citrouille.

**Valeur nutritive, par portion :**

Calories : 450

Matières grasses : 41 g

Glucides : 10 g

Sel : 1,22 g

Gras saturés : 6 g

Fibres : 6,9 g

# gaspacho piquant

½ petit concombre

450 g (1 lb) de tomates fraîches

½ oignon rouge

½ poivron jaune, paré

1 gousse d'ail, broyée

1 piment rouge, épépiné et finement haché

Une petite poignée de persil

Une petite poignée de coriandre

10 ml (2 c. à thé) d'huile d'olive extravierge

Une pincée de paprika

15 ml (1 c. à soupe) de vinaigre de cidre

Sel de mer et poivre noir, fraîchement moulus

Feuilles de persil et de coriandre, pour garnir

Mettre tous les ingrédients (sauf les feuilles de persil et de coriandre) dans le robot de cuisine et bien les hacher mais sans les réduire en purée.

Servir la soupe garnie de persil et de coriandre à la température de la pièce.

**Valeur nutritive, par portion :**

Calories : 115

Matières grasses : 6 g

Glucides : 14 g

Sel : 0,32 g

Gras saturés : 0,7 g

Fibres : 4,1 g

# soupe froide aux asperges et au citron

275 g (10 oz) d'asperges, parées et pelées

125 ml (½ tasse) de bouillon de légumes
   ou d'eau

1 petit oignon, finement haché

1 pomme de terre moyenne, pelée et coupée
   en dés

800 ml (3 ¼ tasses) d'eau

30 ml (2 c. à soupe) d'origan, haché

Le jus de 1 citron

Sel et poivre noir, fraîchement moulu

Zeste de citron, pour garnir

Couper les pointes des asperges et les réserver. Couper les tiges des asperges en fines lanières de 2 à 3 cm (¾ à 1 ¼ po) de longueur. Faire chauffer le bouillon dans une casserole, y ajouter l'oignon, couvrir et laisser mijoter 5 minutes. Ajouter la pomme de terre, les lanières d'asperge et l'eau, amener à ébullition puis laisser mijoter 10 minutes, jusqu'à ce que les légumes soient très tendres. Ajouter l'origan et le jus de citron, et laisser mijoter 2 à 3 minutes, puis réduire en purée dans le robot de cuisine.

Faire cuire les pointes des asperges à la vapeur 2 à 3 minutes, jusqu'à ce qu'elles soient juste tendres, puis les ajouter à la soupe. Assaisonner la soupe au goût puis la réfrigérer et servir garnie de zeste de citron.

**Valeur nutritive, par portion :**

Calories : 72

Matières grasses : 1 g

Glucides : 12 g

Sel : 0,43 g

Gras saturés : 0 g

Fibres : 2,7 g

# soupe à l'orange, aux carottes et au gingembre

1 oignon moyen, finement haché

3 carottes moyennes, pelées et émincées

350 ml (1 ⅓ tasses) de bouillon de légumes

Un morceau de gingembre de 5 cm (2 po)
    de longueur, pelé et finement râpé

350 ml (1 ⅓ tasse) d'eau

Le zeste de ½ orange

Le jus de 1 orange

Sel de mer et poivre noir, fraîchement moulus

Ciboulette, hachée, pour garnir

Mettre l'oignon, les carottes et le bouillon dans une casserole, les amener à ébullition et laisser mijoter 15 minutes. Mettre le gingembre râpé dans sa main et en presser le jus dans la soupe. Jeter la fibre de gingembre. Ajouter l'eau, le jus et le zeste d'orange, du sel et du poivre, ramener à ébullition et laisser mijoter 10 minutes de plus. Retirer la casserole du feu et laisser refroidir un peu la soupe avant de la réduire en purée lisse au robot de cuisine ou au mélangeur.

Réchauffer la soupe et la servir garnie de ciboulette.

**Valeur nutritive, par portion :**

Calories : 89

Matières grasses : 1 g

Glucides : 19 g

Sel : 0,9 g

Gras saturés : 0,1 g

Fibres : 4,2 g

# salade de tomates

8 à 12 tomates très mûres (d'une seule variété
ou jaunes et rouges en mélange)

5 à 10 ml (2 à 4 c. à thé) de feuilles de basilic
ou de menthe

Sel de mer, poivre noir, fraîchement moulus,
et sucre

*Vinaigrette*

75 ml (5 c. à soupe) d'huile d'olive ou un
mélange d'huile d'olive et d'autres huiles,
de tournesol ou d'arachide, par exemple

25 ml (5 c. à thé) de vinaigre de vin blanc

2,5 ml (½ c. à thé) de moutarde (de Dijon
ou autre)

2,5 ml (½ c. à thé) de sel

Quelques tours de moulin de poivre noir

1 gousse d'ail, pelée (et broyée si on ne se
sert pas d'un mélangeur)

Un brin de persil

1 petite ciboule

Brins de cresson

Vinaigrette : Passer tous les ingrédients au mélangeur à vitesse moyenne, 1 minute environ, ou mélanger l'huile et le vinaigre dans un bol puis leur incorporer la moutarde, le sel, le poivre et l'ail broyé. Hacher finement le persil, la ciboule et le cresson, et les ajouter.

Fouetter la vinaigrette avant de la servir. Couper les tomates en deux ou en quartiers ou en tranches de 1 cm (½ po) d'épaisseur selon le type de tomate utilisé.

Disposer les tomates sur un seul rang dans une grande assiette à fond plat puis les assaisonner de sel, de poivre et de sucre. Arroser légèrement les tomates de vinaigrette puis les garnir de basilic ou de menthe. Mélanger délicatement les tranches pour bien les enrober de vinaigrette. Servir comme entrée ou comme plat d'accompagnement.

NOTE

Pour garder toute leur saveur, les tomates doivent être enrobées de vinaigrette aussitôt coupées.

**Valeur nutritive, par portion :**

CCalories : 188

Matières grasses : 18 g

Glucides : 6 g

Sel : 0,96 g

Gras saturés : 2,4 g

Fibres : 1,8 g

# salade d'avocats et de fraises

1 avocat mûr, coupé en deux, dénoyauté, pelé
  et coupé en cubes
6 fraises, équeutées et coupées en quartiers
10 ml (2 c. à thé) de jus de citron
10 ml (2 c. à thé) de vinaigre balsamique
Sel et poivre noir, fraîchement moulu

Mettre l'avocat et les fraises préparés dans un bol. Mélanger le jus de citron et le vinaigre, puis en arroser la salade et mélanger délicatement le tout. Assaisonner au goût et servir aussitôt.

**Valeur nutritive, par portion :**
Calories : 148
Matières grasses : 14 g
Glucides : 5 g
Sel : 0,52 g
Gras saturés : 1,6 g
Fibres : 2,8 g

# achards piquants au **yogourt**

1 oignon rouge, émincé

1 concombre, coupé en deux sur la longueur, épépiné puis émincé

5 ml (1 c. à thé) de graines de cumin, rôties

Un bouquet de coriandre, grossièrement hachée

2 tomates, coupées en quartiers, épépinées puis émincées

400 ml (1 ⅔ tasse) de yogourt nature gras mais assez liquide

Sel et poivre noir, fraîchement moulu

Mettre l'oignon et le concombre préparés dans un tamis au-dessus d'un bol, les arroser généreusement de sel et faire dégorger 10 minutes. Rincer les légumes à fond puis les assécher (cette opération rend le concombre moins aqueux et l'oignon plus doux au goût).

Bien mélanger l'oignon et le concombre aux graines de cumin, à la coriandre, aux tomates et au yogourt. Rectifier l'assaisonnement et servir aussitôt.

**Valeur nutritive, par portion :**

Calories : 19

Matières grasses : 0 g

Glucides : 3 g

Sel : 0,1 g

Gras saturés : 0,2 g

Fibres : 0,3 g

# salade au citron marocaine

4 citrons à peau mince bien mûrs
10 ml (2 c. à thé) d'huile d'olive
10 ml (2 c. à thé) (ou plus, au goût) de harissa
1 bouquet de persil plat, haché

Émincer les citrons et en jeter les pépins. Ajouter le reste des ingrédients et bien mélanger le tout.

NOTE

On peut, si on désire obtenir un goût plus doux, peler les citrons avant de les émincer.

**Valeur nutritive, par portion :**
Calories : 40
Matières grasses : 3 g
Glucides : 3 g
Sel : 0,04 g
Gras saturés : 0,02 g
Fibres : 0,2 g

# salade à la papaye

2 gousses d'ail, pelées

3 ou 4 petits piments rouges ou verts frais

2 haricots verts chinois ou 20 haricots verts
   fins, coupés en morceaux de 5 cm (2 po)
   de longueur

175 g (6 oz) de papaye, pelée, épépinée
   et coupée en fines tranches

1 tomate, coupée en quartiers

30 ml (2 c. à soupe) de nam pla (sauce au
   poisson thaïlandaise)

15 g (1 c. à soupe) de sucre

30 ml (2 c. à soupe) de jus de lime

Choix de légumes verts fermes de saison :
   laitue iceberg, concombre, chou blanc, etc.,
   pour servir

Piler l'ail dans un grand mortier puis ajouter les piments et les piler à leur tour. Ajouter les haricots et les écraser un peu. Incorporer la papaye au mélange et piler légèrement. Ajouter la tomate et piler légèrement le tout.

Ajouter le nam pla, le sucre et le jus de lime, bien mélanger et mettre le mélange dans un plat de service. Servir la salade avec des légumes verts crus, les feuilles de ces derniers pouvant être utilisées en guise d'ustensiles.

NOTE

Les haricots verts chinois sont souvent utilisés en cuisine orientale. On peut les remplacer par des haricots verts ordinaires.

**Valeur nutritive, par portion :**

Calories : 51

Matières grasses : 0 g

Glucides : 11 g

Sel : 1,37 g

Gras saturés : 0 g

Fibres : 2,1 g

# salade aux **artichauts** crus

4 gros artichauts

1 botte de ciboules

2 grosses tomates, pelées, épépinées et
grossièrement hachées

45 ml (3 c. à soupe) d'huile d'olive

Le jus de 1 citron (ou au goût)

1 gousse d'ail, finement hachée

½ citron, en fines demi-tranches

45 ml (3 c. à soupe) de persil, grossièrement
haché

Sel et poivre noir, fraîchement moulu

Préparer les artichauts tel qu'il est indiqué ci-dessous.

Bien mélanger le reste des ingrédients dans un grand bol à salade. Trancher les cœurs d'artichaut en forme de croissants minces en les enrobant à mesure de vinaigrette. Décorer le plat de feuilles d'artichaut et servir.

NOTE

Cette salade est encore meilleure si on la laisse mariner quelques heures. Une fois enrobés de vinaigrette, les artichauts ne se décolorent pas.

### Comment préparer les cœurs d'artichaut

Couper les feuilles de la moitié supérieure de chacun des artichauts de manière à en exposer le cœur. Enlever délicatement les feuilles qui entourent le cœur puis en gratter toutes les soies avec un petit couteau. Pour l'empêcher de noircir, plonger aussitôt l'artichaut pelé dans de l'eau froide acidulée (avec du jus de citron). Ne pas jeter les feuilles qui serviront à décorer la salade.

**Valeur nutritive, par portion :**

Calories : 155

Matières grasses : 9 g

Glucides : 10 g

Sel : 0,44 g

Gras saturés : 1,2 g

Fibres : 1,2 g

# salade d'aubergines, de basilic, d'épinard et de piment

2 aubergines

Une grosse poignée de feuilles de basilic

45 ml (3 c. à soupe) d'huile d'olive

4 tomates, tranchées

225 g (½ lb) de mini-épinards

1 gousse d'ail

200 ml (¾ de tasse) de yogourt

1 piment rouge, épépiné et finement haché

15 à 20 ml (1 c. à soupe comble) de pignons

Le jus de 1 citron

Sel et poivre noir, fraîchement moulu

Pain de qualité, pour servir

NOTE

Cette salade est riche en calcium, en acide folique, en fibres et en vitamines A, C et E.

**Valeur nutritive, par portion :**

Calories : 194

Matières grasses : 14 g

Glucides : 11 g

Sel : 0,58 g

Gras saturés : 2 g

Fibres : 5,2 g

Préchauffer le gril et y faire cuire les aubergines tel qu'il est indiqué ci-dessous. Mettre les tranches d'aubergine grillées dans un bol et couvrir celui-ci d'une pellicule de plastique.

Hacher grossièrement les feuilles de basilic et les mettre dans le bol avec l'huile d'olive, les tomates et les épinards. Écraser l'ail avec 2,5 ml (½ c. à thé) de sel et incorporer le mélange au yogourt, puis ajouter le tout aux aubergines avec le piment. Faire chauffer une poêle à sec puis y faire rôtir légèrement les pignons. Les ajouter à la salade. Assaisonner et mélanger délicatement le tout, arroser de jus de citron et servir cette salade avec du bon pain frais.

## Comment faire griller les aubergines

Trancher les aubergines sur la longueur en tranches de 1 cm (½ po) d'épaisseur. Faire chauffer une poêle à fond strié sur feu vif et badigeonner les tranches d'aubergine (et non la poêle) d'huile d'olive. Faire griller les tranches 2 à 3 minutes de chaque côté, jusqu'à ce qu'elles soient légèrement carbonisées.

# taboulé

110 g (¼ de lb) de blé concassé

75 ml (5 c. à soupe) d'huile d'olive extravierge

Le jus de 2 citrons biologiques (ou plus au besoin)

25 à 50 g (1 à 2 oz) de persil frais, haché

25 à 50 g (1 à 2 oz) de menthe fraîche, hachée

50 à 110 g (2 à 4 oz) de ciboules, blanc et vert hachés

Sel et poivre noir, fraîchement moulu

*Pour servir*

Petites feuilles de laitue croquantes (romaine ou iceberg)

6 tomates rouges (ou rouges et jaunes en mélange) bien mûres mais fermes, épépinées, coupées en dés et saupoudrées d'un peu de sel, de poivre et de sucre

1 concombre bien croquant, coupé en dés de 5 mm (¼ de po)

Feuilles de roquette ou de persil plat

Olives noires (facultatif)

Faire tremper le blé concassé en eau froide pendant 30 minutes environ puis l'égoutter et bien presser. Y incorporer l'huile d'olive et une partie du jus de citron. Saler, poivrer et laisser reposer le blé pour lui permettre d'absorber la vinaigrette. Au moment de servir, mélanger les herbes et le blé concassé, goûter et ajouter du jus de citron au besoin.

Pour servir : Disposer le blé concassé dans une grande assiette. Servir accompagné des feuilles de laitue et des dés de tomate et de concombre. Garnir la salade de roquette ou de persil et, si on le désire, d'olives noires. Cette salade santé est délicieuse servie avec du pain pita ou un autre type de pain sans levain.

**Valeur nutritive, par portion :**

Calories : 196

Matières grasses : 12 g

Glucides : 19 g

Sel : 0,37 g

Gras saturés : 1,7 g

Fibres : 1,6 g

# pilaf de blé concassé épicé

60 ml (¼ de tasse) d'huile d'olive

1 oignon, haché

450 g (1 lb) de blé concassé

5 ml (1 c. à thé) de cumin moulu

5 ml (1 c. à thé) de graines de coriandre
moulues

5 ml (1 c. à thé) de curcuma

5 ml (1 c. à thé) de gingembre moulu

400 g (14 oz) de tomates, hachées,
en conserve

Sel et poivre

Dans une grande casserole à fond épais, faire chauffer l'huile d'olive et y faire revenir doucement l'oignon 10 minutes, jusqu'à ce qu'il soit tendre.

Ajouter le blé concassé et poursuivre la cuisson 2 minutes en remuant fréquemment le mélange. Ajouter les épices et faire cuire 2 minutes de plus, ou jusqu'à ce qu'elles commencent à libérer leurs parfums. Ajouter les tomates et leur liquide et 350 ml (1 ⅓ tasse) d'eau.

Amener à ébullition. Assaisonner le plat, réduire le feu et laisser mijoter 15 minutes à découvert. (Ajouter un peu d'eau au besoin.)

Retirer la casserole du feu et laisser reposer le pilaf 10 minutes, recouvert d'un linge, avant de le servir.

**Valeur nutritive, par portion :**

Calories : 388

Matières grasses : 9 g

Glucides : 68 g

Sel : 0,32 g

Gras saturés : 1,3 g

Fibres : 1 g

# salade chaude de **couscous** au pesto jaune

1 poivron jaune d'environ 200 g (7 oz)

60 ml (¼ de tasse) d'huile d'olive

10 g (½ oz) de parmesan frais, râpé

300 ml (1 1/4 tasse) de bouillon de poulet
   ou de légumes

10 g (2 c. à thé) de beurre doux

250 g (9 oz) de couscous

30 ml (2 c. à soupe) de ciboulette, coupée
   en tronçons

Sel et poivre noir

#### NOTE

On peut préparer ce plat à l'avance et le servir froid ou réchauffé au four ou au micro-ondes. N'incorporer le pesto jaune qu'au moment de servir le couscous.

Faire griller le poivron tel qu'il est indiqué ci-dessous. Le mettre dans un bol et couvrir d'une pellicule de plastique et laisser refroidir. Peler ensuite le poivron et en jeter la peau, hacher grossièrement puis réduire en purée. Ajouter le parmesan et le reste de l'huile d'olive et mélanger de nouveau au robot ou au mélangeur, puis assaisonner au goût. Mettre le bouillon et le beurre dans une casserole, assaisonner et amener à ébullition. Mettre le couscous dans un grand plat puis verser le bouillon dessus. Couvrir d'une pellicule de plastique et laisser reposer 5 minutes, puis séparer les grains de couscous avec une fourchette. Incorporer le pesto jaune et servir dans des assiettes creuses. Garnir de ciboulette et servir cette salade chaude ou froide.

### Comment faire griller les poivrons

Couper le poivron en deux et le vider. Mettre les moitiés de poivron, le côté coupé vers le bas, dans un plat allant au four et les arroser de 15 ml (1 c. à soupe) d'huile d'olive. Passer le poivron sous le gril chaud 10 minutes, ou jusqu'à ce que la peau en soit carbonisée et boursouflée.

**Valeur nutritive, par portion :**

Calories : 224

Matières grasses : 10 g

Glucides : 23 g

Sel : 0,21 g

Gras saturés : 2,8 g

Fibres : 0,6 g

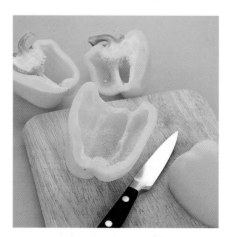

# salade de trois céréales

50 g (2 oz) de grains de blé entier (complet),
    trempés 12 heures en eau froide, puis
    égouttés, cuits et refroidis
50 g (2 oz) de grains d'orge, cuits et refroidis
50 g (2 oz) de gruaux de sarrasin

*Vinaigrette*
10 ml (2 c. à thé) de miso foncé
10 ml (2 c. à thé) de vinaigre de cidre
10 ml (2 c. à thé) de sauce soja
5 ml (1 c. à thé) d'huile d'olive extravierge

Mettre le blé et l'orge cuits dans un bol. Dans une poêle placée sur feu moyen, faire rôtir le sarrasin à sec jusqu'à ce qu'il dégage un arôme de noix. Couvrir d'eau, amener à ébullition puis laisser mijoter 10 à 15 minutes, jusqu'à ce qu'il soit bien tendre. L'égoutter puis l'incorporer aux autres céréales.

Mélanger les ingrédients de la vinaigrette et puis incorporer celle-ci aux céréales. Servir cette salade à la température ambiante.

**Valeur nutritive, par portion :**
Calories : 290
Matières grasses : 3 g
Glucides : 62 g
Sel : 1,38 g
Gras saturés : 0,4 g
Fibres : 1,9 g

# épinards au citron et au poivre noir

30 ml (2 c. à soupe) d'huile végétale

1 gousse d'ail, broyée

5 ml (1 c. à thé) de graines de cumin

1 kg (2 ¼ lb) d'épinards frais, bien lavés

Le jus et le zeste de 1 citron

2,5 g (½ c. à thé) de sucre

60 ml (¼ de tasse) de yogourt nature

Une pincée de grains de poivre noir,
  concassés

Sel

Faire chauffer l'huile dans une poêle profonde puis y faire revenir l'ail et les graines de cumin, 1 minute environ, jusqu'à ce qu'ils libèrent leurs parfums. Ajouter les épinards, augmenter le feu et bien mélanger les épinards avec l'ail et le cumin. Ajouter le jus et le zeste de citron et faire cuire jusqu'à ce que les épinards soient flétris. Incorporer le sucre, le yogourt et le poivre noir. Rectifier l'assaisonnement et servir la salade chaude.

NOTE

Ce plat est riche en fer, en calcium, en acide folique, en fibres et en vitamines A, C et E.

**Valeur nutritive, par portion :**

Calories : 129

Matières grasses : 8 g

Glucides : 6 g

Sel : 1,17 g

Gras saturés : 1,1 g

Fibres : 5,3 g

# shiitakes frits au wok

450 g (1 lb) de shiitakes

15 ml (1 c. à soupe) d'huile de sésame

25 g (1 oz) de gingembre, pelé et finement haché

1 gros piment rouge, épépiné et coupé en dés

75 ml (5 c. à soupe) de sauce soja

10 g (½ oz) de feuilles de mélisse fraîche, hachées

Essuyer les champignons avec du papier absorbant humidifié, en éliminer le pied et les trancher.

Faire chauffer le wok sur feu vif. Y mettre l'huile de sésame et, quand celle-ci commence à fumer, y faire sauter doucement les champignons 1 minute. Ajouter le gingembre, le piment et la sauce soja, et faire sauter 2 à 3 minutes jusqu'à ce que les shiitakes soient tendres. Parsemer des feuilles de mélisse et mettre le tout dans un plat de service chaud. Servir aussitôt.

**Valeur nutritive, par portion :**

Calories : 46

Matières grasses : 3 g

Glucides : 2 g

Sel : 3,61 g

Gras saturés : 0,4 g

Fibres : 0,1 g

PORTIONS : 4

PRÉPARATION : 10 MINUTES

CUISSON : 5 MINUTES

# petits **poireaux** braisés et tapenade

75 g (3 oz) d'olives noires de première qualité,
  dénoyautées

2 grosses gousses d'ail, finement hachées

10 g (½ oz) de filets d'anchois en conserve,
  finement hachés

10 g (½ oz) de tomates séchées au soleil
  marinées, hachées

45 ml (3 c. à soupe) d'huile d'olive

450 g (1 lb) de mini-poireaux, parés

Sel et poivre noir

Mettre les olives, l'ail, les anchois, les tomates et l'huile dans le robot de cuisine ou le mélangeur puis les réduire en pâte lisse. Assaisonner au goût et ajouter un peu d'huile si la tapenade est trop épaisse (celle-ci devrait avoir la consistance d'une crème épaisse).

Mettre les poireaux dans une casserole d'eau salée et les faire cuire 2 à 4 minutes, jusqu'à ce qu'ils soient tendres ; le temps de cuisson dépend de leur taille. Égoutter les poireaux et les passer brièvement à l'eau glacée, puis les assécher avec du papier absorbant. Mettre les poireaux dans un plat de service chaud, les couvrir de tapenade et servir aussitôt.

**Valeur nutritive, par portion :**

Calories : 131

Matières grasses : 11 g

Glucides : 4 g

Sel : 1,51 g

Gras saturés : 1,5 g

Fibres : 3,1 g

# carottes, panais et chou aux graines de moutarde

45 ml (3 c. à soupe) d'huile de tournesol

15 ml (1 c. à soupe) de graines de moutarde noire

1 piment, épépiné et haché

225 g (½ lb) de carottes, grossièrement râpées

225 g (½ lb) de panais, grossièrement râpés

225 g (½ lb) de chou, coupé tel qu'il est indiqué ci-dessous

30 ml (2 c. à soupe) de persil, haché

30 ml (2 c. à soupe) de menthe fraîche, hachée

Sel, poivre noir, fraîchement moulu et sucre

Jus de citron fraîchement pressé, au goût

Faire chauffer l'huile dans une poêle à frire puis y mettre les graines de moutarde. Quand les graines commencent à éclater, ajouter le piment, mélanger et faire sauter 1 minute. Ajouter les carottes, les panais et le chou. Faire cuire les légumes en les remuant 2 à 3 minutes puis leur incorporer le persil et la menthe. Assaisonner de sel, de poivre et de sucre au goût. Arroser de jus de citron au goût et rectifier l'assaisonnement. Servir aussitôt.

### Comment hacher du chou rouge ou blanc

Couper le chou en quartiers puis en éliminer le centre coriace. Placer chaque quartier de chou sur le côté et l'émincer sur le sens de la longueur.

**Valeur nutritive, par portion :**

Calories : 112

Matières grasses : 7 g

Glucides : 10 g

Sel : 0,21 g

Gras saturés : 0,7 g

Fibres : 3, 9 g

# gombos aux tomates

700 g (1 ½ lb) de petits gombos frais

30 ml (2 c. à soupe) d'huile

1 oignon, haché

2 gousses d'ail, hachées

3 grosses tomates, hachées

1 piment, épépiné et haché

5 ml (1 c. à thé) de sucre

Sel

Quartiers de lime, pour servir

Sauce au piment, pour servir

Couper les pédoncules des gombos. Pour éliminer une partie de leur viscosité, on peut, si on le désire, mélanger les gombos avec du sel et un peu de vinaigre puis les laisser dans une passoire 1 à 2 heures. Bien rincer les gombos avant de les couper en morceaux.

Faire chauffer l'huile dans une poêle à fond épais ou un plat allant au four, puis y faire revenir doucement l'oignon et l'ail jusqu'à ce qu'ils soient tendres. Ajouter les tomates, le piment et le sucre, et amener à ébullition en écrasant un peu les légumes pour obtenir une sauce épaisse. Ajouter les gombos et un verre d'eau, et amener à ébullition. Réduire le feu, bien couvrir et laisser mijoter 30 minutes, jusqu'à ce que les gombos soient bien cuits et la sauce épaisse. On peut aussi faire cuire ce plat au four à 160 °C/300 °F/2 au four à gaz. Servir à la température ambiante avec des quartiers de lime et une sauce au piment.

NOTES

Pour obtenir un plat plus consistant, on peut y ajouter de fines tranches de bœuf ou de porc frites avec l'oignon et l'ail en début de cuisson, ou y ajouter une poignée de crevettes en fin de cuisson.

Ce plat est riche en calcium, en acide folique, en fibres et en vitamines A et C.

**Valeur nutritive, par portion :**

Calories : 124

Matières grasses : 7 g

Glucides : 11 g

Sel : 0,3 g

Gras saturés : 0,7 g

Fibres : 6,6

desserts

# fraises à l'orange amère et au miel

450 g (1 lb) de grosses fraises
60 ml (¼ de tasse) de miel foncé
Le zeste, coupé en lanières,
   et le jus de 2 oranges amères

Équeuter les fraises et les essuyer, mais sans les laver. Faire chauffer le miel dans une petite casserole puis le laisser mijoter avec le zeste et le jus d'orange amère 10 minutes environ, jusqu'à ce que le miel épaississe et goûte l'orange. Napper les fraises de miel et les servir aussitôt.

NOTE

On peut remplacer l'orange amère par du jus de citron ou du vinaigre de xérès.

**Valeur nutritive, par portion :**
Calories : 83
Matières grasses : 0 g
Glucides : 21 g
Sel : 0,02 g
Gras saturés : 0 g
Fibres :1,3 g

# salade de quatre melons au gingembre

25 g (1 oz) de gingembre

100 g (3 ½ oz) de sucre demerara

300 ml (1 ¼ tasse) d'eau

4 petits melons : pastèque, cantaloup,
   melon miel, etc.

1 gros contenant de yogourt grec

Râper le gingembre dans une petite casserole. À l'aide d'un pinceau à pâtisserie trempé dans l'eau, brosser la râpe pour en enlever le reste du gingembre. Ajouter le sucre et l'eau au gingembre, et faire cuire lentement pour dissoudre le sucre. Amener à ébullition et faire mijoter rapidement 10 à 15 minutes, en surveillant constamment la cuisson, jusqu'à ce que le mélange ait réduit de moitié et soit devenu épais et sirupeux. Passer le mélange à travers une passoire fine et le réfrigérer.

Couper les melons en quartiers et en enlever la peau et les graines. Couper les quartiers de melon en plus petits morceaux et les mettre dans les assiettes de service (ou dans une seule grande assiette). Napper le melon de sirop de gingembre et servir le tout avec le yogourt.

**Valeur nutritive, par portion :**

Calories : 200

Matières grasses : 6 g

Glucides : 32 g

Sel : 0,24 g

Gras saturés : 3,6 g

Fibres : 1,5 g

# brochettes de fruits

8 pêches ou nectarines

8 abricots

24 cerises

16 fraises

4 bananes

Jus de citron frais

Liqueur d'orange (Cointreau
   ou Grand Marnier)

175 à 225 g (1 ¼ à 1 ½ tasse) de sucre semoule

Crème légèrement fouettée

Couper les pêches (ou les nectarines) et les abricots en deux et les dénoyauter. Garder les cerises et les fraises entières. Peler les bananes, les couper en morceaux de 2 cm (¾ de po) de longueur puis les arroser de jus de citron. Mélanger les fruits dans un bol, les arroser de liqueur d'orange et laisser macérer 15 minutes environ.

Enfiler les fruits sur des brochettes. Rouler celles-ci dans le sucre puis les faire cuire au barbecue 5 à 8 minutes, ou jusqu'à ce que les fruits commencent à caraméliser. Servir aussitôt avec de la crème légèrement fouettée. On peut aussi faire flamber les brochettes avec de la liqueur d'orange. La marinade est délicieuse à boire.

**Valeur nutritive, par portion :**

Calories : 109

Matières grasses : 0 g

Glucides : 26 g

Sel : 0,01 g

Gras saturés : 0 g

Fibres : 1,9 g

# prunes au four au vin rouge et au jus de canneberge

50 g (3 c. à soupe) de beurre doux

8 grosses prunes rouges, coupées en deux
   et dénoyautées

450 ml (1 ¾ tasse) de vin rouge et de jus
   de canneberge, mélangés

4 gros brins de menthe, finement hachés

60 ml (¼ de tasse) de sucre de canne brun
   (roux)

Préchauffer le four à 180 °C / 350 °F / 4 au four à gaz.

Badigeonner de la moitié du beurre le fond d'un plat allant au four peu profond.
Y saupoudrer la moitié du sucre puis y disposer les prunes, le côté coupé vers le bas.
Ajouter le vin et le jus de canneberge, puis la menthe.

Parsemer le reste du beurre sur les prunes puis saupoudrer celles-ci du reste du sucre.

Faire cuire 20 minutes au four.

**Valeur nutritive, par portion :**

Calories : 252

Matières grasses : 10 g

Glucides : 31 g

Sel : 0,04 g

Gras saturés : 6,5 g

Fibres : 1,7 g

# poires parfumées

1 bouteille d'un vin rouge doux, mais
   qui a du corps
90 ml (⅓ de tasse) de miel à la lavande
   (ou d'un autre miel parfumé)
30 ml (2 c. à soupe) de grains de poivre noir,
   dans de la mousseline
6 brins de lavande
Le jus et le zeste de 1 citron
6 poires mûres, pelées (avec les pédoncules)
6 brins de menthe et de lavande, pour décorer

Dans une grande casserole à fond épais, mélanger le vin, le miel, les grains de poivre, les brins de lavande et le jus et le zeste de citron. Amener à ébullition et faire cuire 2 minutes.

Réduire le feu, ajouter les poires et les laisser mijoter, à feu très doux, 10 minutes. Retirer la casserole du feu et laisser refroidir. Servir les poires avec un peu du jus de cuisson et décorées de brins de lavande et de menthe.

**Valeur nutritive, par portion :**
Calories : 186
Matières grasses : 0 g
Glucides : 27 g
Sel : 0,04 g
Gras saturés : 0 g
Fibres : 3,3 g

# aumônières à la rhubarbe

700 g (1 ½ lb) de rhubarbe

110 g (½ tasse) de cassonade

5 ml (1 c. à thé) de gingembre, haché

50 g (3 c. à soupe) de beurre

6 feuilles de pâte filo

150 ml (⅔ de tasse) de fromage frais très faible en gras ou de yogourt grec

Préchauffer le four à 220 °C/425 °F/7 au four à gaz. Beurrer une grande plaque de four. Parer la rhubarbe et la couper en morceaux de 2,5 cm (1 po) de longueur. Mettre la rhubarbe sur un seul rang dans un grand plat allant au four. Saupoudrer la rhubarbe de cassonade et de gingembre. Couvrir le plat de papier d'aluminium et faire cuire au four 20 minutes, ou jusqu'à ce que la rhubarbe soit bien tendre. Retirer le plat du four, laisser refroidir et égoutter la rhubarbe. Jeter le jus.

Faire fondre le beurre dans une petite casserole. Étendre une feuille de pâte filo sur une surface de travail et la badigeonner de beurre fondu. Étendre une deuxième feuille de pâte sur la première et la badigeonner de beurre. Couper en 6 carrés de 12,5 cm (5 po). Mettre une bonne cuillerée de rhubarbe au centre des carrés puis 5 ml (1 c. à thé) de fromage. Façonner les carrés en aumônières tel qu'il est indiqué ci-dessous.

Répéter deux fois l'opération avec le reste des ingrédients. Mettre les aumônières sur la plaque de four beurrée et les faire bien dorer 15 minutes au four.

### Comment façonner les aûmonières

Mettre de la garniture au centre de chaque double carré de pâte filo. Ramener deux des coins opposés de la pâte et les pincer ensemble. Répéter l'opération avec les deux autres coins, puis tordre délicatement la pâte.

**Valeur nutritive, par portion :**

Calories : 278

Matières grasses : 8 g

Glucides : 48 g

Sel : 0,89 g

Gras saturés : 4,6 g

Fibres : 1,5 g

# index

# remerciements

Les éditeurs tiennent à remercier les auteurs suivants de leur
avoir donné la permission de reproduire ici leurs recettes (les nombres
suivant les noms indiquent les numéros de page de ce livre) :
Darina Allen : 24, 26, 48, 54, 82, 96, 100, 126, 140, 154, 164 ;
Hugo Arnold : 66, 90, 130, 138, 142 ; Ed Baines : 50 ; Aliza Baron-Cohen,
Adrian Mercuri et Louisa J. Walters : 14, 16, 34, 36, 38, 64, 120, 122, 124,
128, 146 ; Vatcharin Bhumichitr : 58, 70, 76, 88, 108, 134 ; Maddelena
Bonino : 84 ; Conrad Gallagher : 40, 60, 68, 74, 78, 80, 94, 98, 106,
116, 144, 150, 152 ; Paul Gayler : 44, 110, 148 ; Elisabeth Luard : 72,
156, 160 ; Alison Price : 46 ; Oded Schwartz : 86, 104, 132, 136, 168 ;
Michael van Straten : 18, 20, 22, 30, 32, 42, 52, 56, 92, 102, 114, 118,
166 ; Mandy Wagstaff : 162, 170.

Les éditeurs tiennent à remercier les photographes suivants de
leur avoir donné la permission de reproduire ici leurs photographies
(les nombres suivant les noms indiquent les numéros de page de ce livre) :
Martin Brigdale : 59, 62, 71, 77, 89, 109, 112, 135 ; Julie Dixon : 87,
105, 133, 137, 169 ; Gus Filgate : 28, 41, 45, 51, 61, 69, 75, 79, 81, 95, 99,
107, 111, 117, 145, 149, 151, 153 ; Michelle Garrett : 85 ; Georgia
Glynn-Smith : 1, 9, 158 ; Jeremy Hopley : 47 ; Francine Lawrence : 73,
157, 161 ; Ray Main : 2, 5, 7, 12, 19, 21, 23, 25, 27, 31, 33, 43, 49, 53,
55, 56, 57, 60, 67, 76, 78, 82, 83, 91, 93, 97,101,103, 106, 115, 119, 127,
131, 139, 141, 143, 155, 165, 167 ; Juliet Piddington : 15, 17, 35, 37, 39,
65, 121, 123, 125, 129 ; Jean-Luc Scotto : 64, 68, 98, 110, 136, 138, 144,
154, 170 ; Sara Taylor : 163, 171.